Kostenlose Online-Spiele Entdecken

Hier Erhältlich:

BestActivityBooks.com/FREEGAMES

5 TIPPS FÜR DEN ANFANG!

1) LÖSUNG DER RÄTSEL

Die Puzzles haben ein klassisches Format :

- Die Wörter sind ohne Abstand, Bindetrich usw... versteckt
- Richtung : vor-& rückwärts, auf & ab oder in der Diagonale (beider Richtungen)
- Die Wörter können übereinanderliegen oder sich kreuzen

2) AKTIVES LERNEN

Neben jedem Wort ist ein Abstand vorgesehen zum Aufschreiben der Übersetzung. Um ihre Kenntnisse zu überprüfen und zu erweitern befindet sich am Ende des Buches ein **WÖRTERBUCH**. Suchen sie die Übersetzungen, schreiben sie sie auf, dann können sie sie in den. Puzzles suchen und ihrem Wortschatz hinzufügen.

3) ANZEICHNUNG DER WÖRTER

Haben sie schon einmal versucht eine Anzeichnung zu verwenden? Sie könnten zum Beispiel die Wörter, die schwer zu finden sind, ankreuzen, die Wörter, die sie lieben, mit einem Stern, neue Wörter mit einem Dreieck, seltene Wörter mit einem Diamant usw ... anzeichnen

4) IHR LERNEN ORGANISIEREN

Am Ende dieser Ausgabe bieten wir auch ein praktisches **NOTIZBUCH** an. Ob im Urlaub, auf Reisen oder zu Hause, sie können ihr neues Wissen ganz einfach organisieren, ohne ein zweites Notizbuch zu benötigen!

5) SIND SIE AM SCHLUSS ?

Gehen sie zum Bonusbereich : **MONSTER-HERAUSFÖRDERUNG,** um ein kostenloses Spiel zu finden, das am Ende dieser Ausgabe angeboten wird !

Lust auf mehr Spaß und **Lernaktivitäten**? **Schnell und einfach :** eine ganze Spielbuchsammlung mit einem einzigen Klick erhaltbar :

Mit diesem Link finden sie ihre nächste Herausforderung :

BestActivityBooks.com/MeineNachsteWortsuche

Achtung, fertig, ... Los !!

Wussten sie, dass es auf der Welt ungefähr 7.000 verschiedene Sprachen gibt ? Wörter sind kostbar.

Wie lieben Sprachen und haben schwer daran gearbeitet, die Bücher von höchster Qualität für sie zu entwerfen. Unsere Zutaten ?

Eine Auswahl von angepassten Lernthemen, drei große Scheiben Spaß, dann fügen wir einen Löffel schwieriger Wörter und eine Prise seltener Wörter hinzu. Wir servieren sie mit Sorgfalt und ein Maximum an Freude, damit sie die besten Wortspiele lösen und Spaß am Lernen haben.

Ihre Meinung ist wichtig. Sie können aktiv zum Erfolg dieses Buches beitragen, indem sie uns eine Bemerkung hinterlassen. Sagen sie uns, was ihnen an dieser Ausgabe am besten gefallen hat !!

Hier ist ein kurzer Link, der sie zu ihrer Bewertungsseite führt

BestBooksActivity.com/Rezension50

Vielen Dank für ihre Hilfe und viel Spaß

Linguas Classics

1 - Ozean

```
W  Y  G  I  Y  D  A  A  S  J  Z  T  T  A
G  A  O  G  S  Y  S  Z  T  Q  N  O  W  G
A  Z  L  X  G  O  U  E  O  D  O  N  U  F
R  L  V  V  Y  P  K  A  R  I  F  I  F  T
N  B  E  Q  I  B  F  C  M  I  B  J  Z  E
A  A  N  O  T  S  O  T  G  P  B  N  Z  D
A  M  E  E  L  P  D  O  L  F  I  J  N  H
L  V  I  S  K  R  A  B  T  E  S  K  B  A
U  A  P  T  O  S  A  V  I  V  O  R  D  A
T  I  Z  E  R  P  L  V  R  G  V  Q  U  I
G  G  G  R  A  O  C  T  O  P  U  S  G  V
E  Q  T  L  A  N  G  E  T  I  J  D  E  N
I  K  W  A  L  S  C  H  I  L  D  P  A  D
L  U  L  Y  W  N  R  I  T  O  C  F  N  U
```

AAL	OCTOPUS
OESTER	KWAL
BOOT	RIF
DOLFIJN	ZOUT
VIS	SCHILDPAD
GARNAAL	SPONS
GETIJDEN	STORM
HAAI	TONIJN
KORAAL	WALVIS
KRAB	GOLVEN

2 - Schule #1

```
B S N S G H L K O K B M O B
E D I U B B L P A P I E R U
L X S K B O U P L E Z I E R
E M A P P E N O F A K S B E
R Q S M X K C T A N L C I A
A J U T E E H L B T A H B U
A D T I O N R O E W S R L G
R L M A Z E S O T O L I I V
P E N N E N L D F O O J O M
K W I S K U N D E R K V T Q
V R I E N D E N I D A E H C
X G F L W V Q D Q E A N E C
G M W H I V U W Z N L O E A
P E A L E R E N F R K H K N
```

ALFABET
ANTWOORDEN
BIBLIOTHEEK
POTLOOD
BOEKEN
VRIENDEN
KLASLOKAAL
LERAAR
LEREN
WISKUNDE

LUNCH
MAPPEN
PAPIER
EXAMENS
QUIZ
SCHRIJVEN
BUREAU
PLEZIER
PENNEN
STOEL

3 - Meditation

```
H  H  F  V  J  G  S  N  V  A  I  I  C  M
M  E  K  U  F  E  T  O  A  Q  J  E  P  E
W  U  L  T  L  E  I  J  S  T  L  K  F  N
A  A  Z  D  C  S  L  J  L  J  U  U  C  T
K  U  X  I  E  T  T  K  A  L  M  U  W  A
K  Z  C  L  E  R  E  N  S  Q  N  S  R  A
E  Q  N  P  J  K  H  K  R  T  U  C  V  L
R  P  D  P  O  N  D  E  R  W  I  J  S  H
B  E  W  E  G  I  N  G  I  V  R  E  D  E
A  A  N  D  A  C  H  T  S  D  Z  G  P  J
M  E  D  E  D  O  G  E  N  T  E  D  R  P
G  E  D  A  C  H  T  E  N  E  Q  Y  X  T
A  A  N  V  A  A  R  D  I  N  G  U  O  R
A  D  E  M  H  A  L  I  N  G  E  L  U  K
```

AANVAARDING	ONDERWIJS
ADEMHALING	LEREN
AANDACHT	MEDEDOGEN
BEWEGING	MUZIEK
VREDE	NATUUR
GEDACHTEN	KALM
MENTAAL	STILTE
GELUK	GEEST
HELDERHEID	WAKKER

4 - Meisterschaft

```
K  N  K  F  T  E  A  M  K  G  P  Q  R  S
A  F  A  T  I  Z  W  Z  Z  P  K  V  E  T
M  O  M  H  R  N  A  D  E  M  E  N  C  R
P  C  P  V  L  A  A  O  G  D  V  G  H  A
I  D  I  M  R  V  I  L  E  Y  N  L  T  T
O  W  O  O  J  P  H  N  I  N  E  I  E  E
E  T  E  T  O  D  H  Y  E  S  S  G  R  G
N  R  N  I  G  A  M  E  S  R  T  A  D  I
S  H  G  V  T  O  E  R  N  O  O  I  R  E
C  J  N  A  B  B  A  Z  G  X  X  R  F  F
H  Z  Y  T  N  B  G  S  P  O  R  T  C  C
A  N  R  I  Y  P  R  E  S  T  A  T  I  E
P  A  M  E  D  A  I  L  L  E  C  Q  Q  S
K  C  T  R  A  N  S  P  I  R  A  T  I  E
```

ADEMEN	RECHTER
KAMPIOEN	TRANSPIRATIE
FINALIST	ZEGE
LIGA	GAMES
TEAM	SPORT
MEDAILLE	STRATEGIE
KAMPIOENSCHAP	TRAINER
MOTIVATIE	TOERNOOI
PRESTATIE	

5 - Insekten

```
S L W N Z T B V V K T Z K X
M S A E L X I L L A E I H L
N O C R S J D O I K R B O K
M I E R V P S T N K M E R V
U S X P C E P Q D E I P Z X
G P J K V J R L E R E S E C
C R I W K B I J R L T G L U
I I U Q I V N F L A A T I X
C N J S N Z K R A K R B B K
A K W S C Z H X A D M H E E
D H I O D C A P D P S M L V
E A Z D R N A E A J H O B E
Q A E A Q M N O W Y K T D R
U N U B L A D L U I S E E U
```

MIER	LARVE
BIJ	LIBEL
BLADLUIS	MOT
VLO	MUG
BIDSPRINKHAAN	VLINDER
SPRINKHAAN	TERMIET
HORZEL	WESP
KAKKERLAK	WORM
KEVER	CICADE

6 - Dinosaurier

```
U  C  P  V  L  E  U  G  E  L  S  D  A  K
E  A  R  R  O  H  E  R  B  I  V  O  O  R
N  R  E  F  Q  E  V  O  L  U  T  I  E  A
O  N  H  F  D  J  B  O  J  C  G  T  H  C
R  I  I  X  O  P  T  T  Z  G  E  Q  D  H
M  V  S  N  T  S  V  T  R  R  N  O  X  T
V  O  T  V  B  C  S  E  S  O  O  R  T  I
I  O  O  F  O  M  N  I  V  O  O  R  A  G
C  R  R  S  B  Z  K  A  E  T  Z  J  A  R
I  H  I  T  H  Y  W  F  W  L  Z  Q  R  V
E  V  S  A  S  M  A  M  M  O  E  T  D  A
U  V  C  A  R  E  P  T  I  E  L  N  E  Q
Z  O  H  R  R  O  O  F  V  O  G  E  L  V
E  I  X  T  P  R  O  O  I  V  P  N  M  G
```

OMNIVOOR	GROOT
SOORT	GROOTTE
PROOI	KRACHTIG
VICIEUZE	MAMMOET
ENORM	HERBIVOOR
AARDE	PREHISTORISCH
EVOLUTIE	ROOFVOGEL
CARNIVOOR	REPTIEL
VLEUGELS	STAART
FOSSIELEN	

7 - Obst

```
A N A N A S B E Q M D B E S
N V K O H D A R Z B R A A M
E A O R C A B W I O U N P F
C P K C P E R Z I K I A A R
T P O I A R I R Z C F A P A
A E S T X D K P Y L G N A M
R L N R T H O R A N J E J B
I Q O O M Z O T R J L Q A O
N F O E P K S K O O G U P O
E F T N E R K C I W S A Y S
W Q W G E G U D R W D G R E
K E R S R E D I E H I J A M
N J M B U O M R M E L O E N
L D O G Z D H T S Y R J V I
```

ANANAS	KIWI
APPEL	KOKOSNOOT
ABRIKOOS	MELOEN
AVOCADO	NECTARINE
BANAAN	ORANJE
BES	PAPAJA
PEER	PERZIK
BRAAM	PRUIM
FRAMBOOS	DRUIF
KERS	CITROEN

8 - Schule #2

```
R  K  P  B  I  B  L  I  O  T  H  E  E  K
R  A  P  Z  R  G  J  T  F  F  L  B  V  L
O  L  O  S  C  O  M  P  U  T  E  R  B  E
N  E  T  B  C  M  E  R  E  K  B  C  X  R
D  N  L  E  J  H  E  J  M  C  X  J  R  A
E  D  O  E  K  Z  A  Z  P  Z  X  D  W  A
R  E  O  J  J  N  P  A  L  L  V  Y  E  R
W  R  D  V  U  B  E  H  R  E  E  I  E  M
I  C  U  Q  D  U  N  E  X  J  R  Z  K  I
J  D  V  T  C  S  N  U  V  A  H  E  E  N
S  E  M  S  B  O  E  K  E  N  T  P  N  N
P  A  P  I  E  R  N  B  O  H  O  L  D  J
W  E  T  E  N  S  C  H  A  P  P  G  H  P
V  W  Z  T  N  U  C  X  R  U  G  Z  A  K
```

BIBLIOTHEEK	LEZEN
ONDERWIJS	PAPIER
POTLOOD	GOM
BUS	RUGZAK
BOEKEN	SCHAAR
COMPUTER	PENNEN
KALENDER	WETENSCHAP
LERAAR	WEEKEND
LEREN	

9 - Spielzeuge

```
S  M  V  J  Q  U  L  D  C  P  P  M  B  W
V  C  L  N  V  D  R  U  M  S  O  M  O  D
R  A  H  F  I  E  T  S  W  E  I  P  E  N
A  M  F  A  J  L  V  W  G  O  W  U  K  M
C  B  L  V  A  Y  E  L  C  D  R  Z  E  V
H  A  Q  O  U  K  R  J  I  T  I  Z  N  L
T  C  W  R  T  L  B  A  L  E  X  E  A  I
A  H  B  I  O  E  E  M  P  N  G  L  I  E
U  T  R  E  D  I  E  F  W  M  M  E  L  G
T  E  A  T  M  T  L  H  D  B  D  A  R  T
O  N  N  C  Y  R  D  K  N  O  B  K  O  U
G  A  M  E  S  E  I  K  M  O  N  R  B  I
E  N  Q  M  I  I  N  X  D  T  H  K  O  G
L  E  I  X  D  N  G  R  L  B  H  C  T  H
```

AUTO	VERBEELDING
BAL	POP
BOOT	PUZZEL
BOEKEN	ROBOT
VLIEGER	SCHAAK
FIETS	DRUMS
FAVORIET	GAMES
VLIEGTUIG	KLEI
AMBACHTEN	TREIN
VRACHTAUTO	

10 - Komödie

```
P A H A F R D Y Z C A D Z N
U U G T C B Q P A L P A T U
B L B H W T F R I O P V E V
L S T E U C E L E W L V L S
I J V A J M C U J N A H E K
E V V T V L O P R S U T V V
K K M E X P B R D X S F I E
I M P R O V I S A T I E S T
P A R O D I E O C V R P I G
G R A P P I G W T S H E E E
E D P L E Z I E R C L L F N
S G E L A C H Q I K K I N R
K G R A P P E N C S O W M E
J C Q P E X P R E S S I E F
```

APPLAUS

EXPRESSIEF

CLOWNS

TELEVISIE

GENRE

HUMOR

IMPROVISATIE

SLIM

GRAPPIG

GELACH

PARODIE

PUBLIEK

ACTEUR

ACTRICE

PLEZIER

THEATER

GRAPPEN

11 - Camping

```
L  J  A  L  K  P  X  B  R  B  A  O  X  P
N  A  J  R  G  A  V  A  H  R  V  G  C  L
R  C  N  Y  E  E  N  H  A  A  O  P  N  E
Z  H  X  T  O  U  W  O  N  N  N  Y  V  Z
M  T  B  G  A  W  S  E  G  D  T  S  D  I
K  R  R  Y  K  A  U  D  M  Z  U  E  J  E
F  M  K  M  E  E  R  U  A  I  U  F  N  R
N  A  T  U  U  R  C  N  T  K  R  S  L  T
C  A  B  I  N  E  H  C  R  A  I  K  B  G
G  N  E  N  J  R  C  K  C  A  B  O  S  E
P  L  R  S  K  F  T  Y  L  R  K  M  V  T
E  P  G  E  B  D  V  I  F  T  T  P  I  U
J  T  U  C  E  B  C  L  W  S  D  A  E  H
J  S  H  T  G  D  I  E  R  E  N  S  H  M
```

AVONTUUR	KOMPAS
BERG	LANTAARN
BRAND	MAAN
HANGMAT	NATUUR
HOED	MEER
INSECT	TOUW
JACHT	PLEZIER
CABINE	DIEREN
KANO	BOS
KAART	TENT

12 - Zeit

```
M  N  F  D  N  T  Z  W  O  J  O  N  A  D
K  I  U  B  A  V  O  O  R  A  V  A  B  E
Q  U  D  E  Y  G  Z  T  P  A  D  C  H  C
M  H  X  D  V  K  L  O  K  R  K  H  D  E
V  L  D  A  A  M  H  E  X  S  J  T  Q  N
U  A  B  P  N  G  C  K  O  G  A  U  N  N
E  W  F  N  D  C  A  O  G  E  A  O  G  I
E  H  S  A  A  C  W  M  I  R  R  C  M  U
U  U  R  Y  A  I  G  S  S  O  L  H  A  M
W  I  V  L  G  Q  X  T  T  W  I  T  A  E
Z  A  M  I  N  U  U  T  E  E  J  E  N  A
E  H  D  K  F  Z  S  T  R  E  K  N  D  V
B  T  T  G  M  B  J  X  E  K  S  D  X  D
E  P  T  P  K  A  L  E  N  D  E  R  W  N
```

GISTEREN	MAAND
VANDAAG	OCHTEND
JAAR	NA
EEUW	NACHT
DECENNIUM	UUR
JAARLIJKS	DAG
NU	KLOK
KALENDER	VOOR
MINUUT	WEEK
MIDDAG	TOEKOMST

13 - Säugetiere

```
G S N S B Q Z N B B B T O P
O C G V Y Q Z K O E E A G U
R H R I O P A A R D E V O S
I A O L I F A N T W C R E S
L A H M N K P G A O O L S R
L P O H Y B Y O E L Y E T R
A L N G U T F E P F O E I A
O L D P F M I R P W T U E G
G I R A F N A O L A E W R C
O H R E W A I E G L N G N X
T I J G E R R V K V N T R F
Z E B R A K A N I I S E E M
O U D P U A T M L S G B M R
N K W Q B F U Q K U L U B T
```

AAP	LEEUW
BEER	PANTER
BEVER	PAARD
OLIFANT	RAT
VOS	SCHAAP
GIRAF	STIER
GORILLA	TIJGER
HOND	WALVIS
KANGOEROE	WOLF
COYOTE	ZEBRA

14 - Astronomie

```
R R T E L E S C O O P S A A
R A E U Q G M B J B K T S S
Q S K S T E R I Z S S E T T
S D I E R E N R I E M R R R
Y Q J M T I O B A R A R O O
N E V E L Z U X A V A E N N
P H Z T B T K Q S A N N O A
S A T E L L I E T T K B O U
H O K O M E E T E O O E M T
A E P O I N I I R R S E R Z
U A M R X L A T O I M L P F
Q V R E I R D U Ï U O D W Y
R P Q D L A M J D M S S R V
P L A N E E T U E S B D B I
```

ASTEROÏDE   MAAN
ASTRONAUT   NEVEL
ASTRONOOM   OBSERVATORIUM
AARDE   PLANEET
HEMEL   RAKET
KOMEET   SATELLIET
STERRENBEELD   STER
KOSMOS   TELESCOOP
METEOOR   DIERENRIEM

15 - Ballett

```
Z S T E C H N I E K K I T R R
R P V A A R D I G H E I D E
S I E R L I J K O R P C H P
O E T E X P R E S S I E F E
L R U M V M U Z I E K O B T
O E N L E G B P R G F C A I
I N T E N S I T E I T O L T
A R T I S T I E K P D M L I
U L G S M J C G X U A P E E
E O S E O H E K W B N O R D
Z A B A B D J B Y L S N I F
U A P P L A U S C I E I N Q
O R K E S T A S P E R S A W
S T I J L O X R G K S T K U
```

SIERLIJK   SPIEREN
APPLAUS   ORKEST
EXPRESSIEF   REPETITIE
BALLERINA   PUBLIEK
VAARDIGHEID   RITME
GEBAAR   SOLO
INTENSITEIT   STIJL
COMPONIST   DANSERS
ARTISTIEK   TECHNIEK
MUZIEK

16 - Strand

```
G  E  R  F  Q  Y  U  X  O  O  Z  S  Z  C
K  D  I  H  Z  E  S  M  Z  C  W  G  E  X
U  R  F  L  S  A  N  D  A  L  E  N  E  H
S  P  A  R  A  P  L  U  N  E  M  A  Q  S
T  D  M  B  V  N  K  D  D  Z  M  E  A  S
D  O  K  O  K  Q  D  O  V  I  E  N  H  N
J  T  S  O  R  Y  P  B  X  Z  N  N  X  N
Z  O  S  T  B  J  T  L  K  C  T  S  L  F
L  V  C  B  Q  F  S  A  J  U  C  I  A  F
J  Z  X  F  C  K  G  U  B  W  M  T  G  Q
S  Q  J  V  G  X  T  W  P  Y  Q  B  U  R
P  H  Z  E  I  L  B  O  O  T  P  T  N  M
G  K  O  R  V  A  K  A  N  T  I  E  E  W
Z  J  N  G  H  A  N  D  D  O  E  K  Z  K
```

BLAUW	OCEAAN
BOOT	PARAPLU
DOK	RIF
HANDDOEK	ZAND
EILAND	SANDALEN
KRAB	ZWEMMEN
KUST	ZEILBOOT
LAGUNE	ZON
ZEE	VAKANTIE

17 - Restaurant #1

```
B O O H V K K E U K E N S T
Z A F E A L L E R G I E E O
O S U P J N E B R O O D R E
R W F U I V O E D S E L V T
E K O F F I E P S M P D E J
S A L A X U U L T L E K E E
E S A L B H F P X X B O R D
R S E L S V G S S A U S S R
V I B R J K M T H N C T T I
E E A B V M V M V K I P E T
R R A R B E P I T T I G R M
I I Q K Q M T R E R O J R C
N H S K O M E N U M X N F S
G U F X D M B S R A J O B B
```

ALLERGIE   KEUKEN
BROOD   MENU
TOETJE   MES
VOEDSEL   RESERVERING
VLEES   KOM
KIP   SERVET
KOFFIE   SAUS
KASSIER   BORD
SERVEERSTER   PITTIG

18 - Geologie

```
C  G  V  G  F  P  L  A  T  E  A  U  X  E
O  A  M  K  O  R  A  A  L  Y  O  H  T  A
N  R  L  P  S  F  K  W  A  R  T  S  G  A
T  E  G  C  S  U  Q  F  V  D  S  P  I  R
I  H  K  M  I  N  E  R  A  L  E  N  Z  D
N  D  A  E  E  U  S  G  E  I  S  E  R  B
E  P  V  U  L  O  M  T  Z  O  N  E  Z  E
N  F  U  U  T  H  G  B  E  S  N  G  U  V
T  S  T  A  L  A  C  T  I  E  T  R  U  I
I  Y  O  S  O  K  U  R  C  R  N  O  R  N
Z  O  U  T  W  J  A  E  M  Q  J  T  M  G
A  I  U  R  J  Z  B  A  E  R  O  S  I  E
G  E  S  M  O  L  T  E  N  V  R  O  H  T
S  T  A  L  A  G  M  I  E  T  E  N  D  U
```

AARDBEVING	MINERALEN
EROSIE	PLATEAU
FOSSIEL	KWARTS
GESMOLTEN	ZOUT
GEISER	ZUUR
GROT	STALAGMIETEN
CALCIUM	STALACTIET
CONTINENT	STEEN
KORAAL	VULKAAN
LAVA	ZONE

19 - Wissenschaft

```
E B F I Q E K P K E W H B N
N X H B Z E V O L U T I E A
D K P G I O I V Z A Q K W T
C X R E F E I T N W N P G U
T L A G R W X V T V M T K U
A C H E M I S C H G Q T E R
D F K V E E M E T H O D E N
E O L E M O L E C U L E N D
E S I N A S B C N U T P G Z
L S M S T Z K I P T Z J A V
T I A F O O R G A N I S M E
J E A P O H Y P O T H E S E
E L T Z M I N E R A L E N N
S T S N A T U U R K U N D E
```

ATOOM   MINERALEN
CHEMISCH   MOLECULEN
GEGEVENS   NATUUR
EVOLUTIE   ORGANISME
EXPERIMENT   DEELTJES
FOSSIEL   PLANTEN
HYPOTHESE   NATUURKUNDE
KLIMAAT   FEIT
METHODE

20 - Bildende Kunst

```
X  Y  F  F  Q  P  M  X  D  F  O  T  A  M
C  P  P  V  K  E  R  A  M  I  E  K  R  E
R  P  O  M  E  F  U  E  K  L  S  D  T  E
E  F  E  T  G  R  W  A  S  M  P  K  I  S
A  O  R  R  L  F  N  G  A  J  O  L  E  T
T  T  U  G  S  O  W  I  N  S  R  E  S  E
I  O  K  R  T  P  O  C  S  T  T  I  T  R
V  C  R  W  O  X  E  D  X  E  R  M  C  W
I  C  I  C  M  Q  G  C  R  N  E  P  T  E
T  Z  J  L  N  B  W  X  T  C  T  S  Q  R
E  I  T  P  J  C  M  W  S  I  S  I  P  K
I  H  O  U  T  S  K  O  O  L  E  Z  E  L
T  S  C  H  I  L  D  E  R  I  J  F  N  S
B  E  E  L  D  H  O  U  W  W  E  R  K  A
```

POTLOOD	MEESTERWERK
FILM	PERSPECTIEF
FOTO	PORTRET
SCHILDERIJ	STENCIL
HOUTSKOOL	BEELDHOUWWERK
KERAMIEK	EZEL
CREATIVITEIT	PEN
KRIJT	KLEI
ARTIEST	WAS
VERNIS	

21 - Sport

```
H  B  T  E  A  M  B  E  W  E  G  I  N  G
K  A  M  P  I  O  E  N  S  C  H  A  P  W
M  Y  B  Z  N  T  T  Z  R  P  V  R  I  I
H  C  V  H  M  H  N  W  S  T  E  W  N
S  T  A  D  I  O  N  E  I  R  F  L  Z  N
G  P  I  A  O  C  R  M  B  A  A  V  N  A
Y  F  E  C  S  K  E  M  A  I  S  F  C  A
M  K  A  L  X  E  V  E  S  N  K  H  Q  R
N  T  X  Y  E  Y  S  N  K  E  G  O  L  F
A  E  D  R  F  R  P  U  E  R  X  N  T  I
S  N  G  Y  M  N  A  S  T  I  E  K  W  E
I  N  M  B  A  M  F  W  B  W  C  B  V  T
U  I  W  S  T  X  Z  L  A  O  K  A  I  S
M  S  A  T  L  E  E  T  L  S  M  L  S  Z
```

ATLEET   GYMNASTIEK
HONKBAL   TEAM
BASKETBAL   KAMPIOENSCHAP
BEWEGING   ZWEMMEN
HOCKEY   SPEL
FIETS   SPELER
WINNAAR   STADION
GOLF   TENNIS
GYMNASIUM   TRAINER

22 - Mythologie

```
M A G I S C H D D U A F I L
C R N Y T T S D O O Q G L G
R C P W E Z E N P O N O Z W
E H H K R A C H T V L D F L
A E E A F G E D R A G H E F
T T M P E K R I J G E R O R
I Y E G L B A S I C H J B F
E P L Q I N M A J T C X L H
V E F K J J P G D Z N W I E
G L R H K C U L T U U R K L
J A L O E Z I E O O T A S D
Z G C Q A L J A Q R X A E I
D L E G E N D E C E L K M N
M O N S T E R E G S K G X S
```

ARCHETYPE
BLIKSEM
DONDER
JALOEZIE
HELD
HELDIN
HEMEL
RAMP
CREATIE
WEZEN

KRIJGER
CULTUUR
DOOLHOF
LEGENDE
MAGISCH
MONSTER
WRAAK
KRACHT
STERFELIJK
GEDRAG

23 - Restaurant #2

```
S  X  S  G  E  H  K  C  W  P  Y  N  G  A
P  Z  O  U  T  E  Y  M  A  T  D  O  R  N
E  N  E  U  Y  E  I  O  E  K  F  E  O  X
C  Z  P  R  P  R  J  O  X  F  E  D  E  Y
E  Z  C  F  S  L  S  V  O  R  K  E  N  I
R  K  S  A  C  I  A  I  E  U  U  L  T  J
I  Y  D  R  Q  J  L  S  X  I  M  S  E  B
J  S  S  W  N  K  A  W  A  T  E  R  E  D
E  D  O  G  Y  P  D  S  G  K  S  M  Z  H
N  R  I  B  F  E  E  P  V  S  T  O  E  L
F  A  Q  N  E  L  U  N  C  H  R  R  D  E
V  N  Z  M  E  R  M  G  Y  B  C  K  R  P
R  K  T  O  G  R  A  D  P  E  B  B  X  E
V  O  O  R  G  E  R  E  C  H  T  V  D  L
```

DINER	CAKE
IJS	LEPEL
VIS	LUNCH
FRUIT	NOEDELS
VORK	SALADE
GROENTE	ZOUT
DRANK	STOEL
SPECERIJEN	SOEP
OBER	VOORGERECHT
HEERLIJK	WATER

24 - Ökologie

```
N A T U U R L I J K Q F I O
O V E R L E V I N G T R F A
H F V E G E T A T I E T I I
S A A M A R I N I E R Q O H
N O B U M S T H G K X F C T
T I O I N Y D K L I M A A T
A I S R T A Y M Z Q T X D X
O Q D Q T A M K B M Z D I L
P E R X N A T Q C G Q K X H
T M O E R A S A G C N L B V
F L O R A D U U R Z A A M L
G S G L O B A A L Y M Q S F
N A T U U R P L A N T E N L
J B E R G E N K N N R J P Q
```

SOORT   MARINIER
BERGEN   DUURZAAM
DROOGTE   NATUUR
FAUNA   NATUURLIJK
FLORA   PLANTEN
GLOBAAL   MOERAS
KLIMAAT   OVERLEVING
HABITAT   VEGETATIE

25 - Schokolade

```
H A R O M A S S M A A K N O
V E R L A N G E N N A R V K
C O E Z Z S T D W T Z I B L
Z A F R C X B X H I N I Y A
X L C V L M F A V O R I E T
B D X A P I V U K X B K P K
B K P Z O Q J L N I I O O W
A T O I U S Z K B D T K E A
C A L O R I E Ë N A T O D L
L S U I K E R Q U N E S E I
Z O E T D X C C P T R N R T
O Y K A R A M E L K N O F E
C K X J E T E N P K X O L I
E X O T I S C H R T F T L T
```

ANTIOXIDANT
AROMA
BITTER
ETEN
EXOTISCH
FAVORIET
SMAAK
CACAO
CALORIEËN

KARAMEL
KOKOSNOOT
HEERLIJK
POEDER
KWALITEIT
RECEPT
ZOET
VERLANGEN
SUIKER

26 - Boote

```
R  M  S  U  E  T  O  U  W  Z  G  K  Q  J
Z  E  E  Q  O  Q  J  C  D  V  X  A  B  L
E  E  D  O  K  Q  A  N  E  L  M  J  E  M
H  R  I  D  W  K  C  N  Y  A  D  A  M  O
K  G  G  L  I  A  H  E  N  A  K  A  T
G  U  Z  M  B  N  T  M  E  K  G  N  N  O
A  Z  D  D  O  O  G  A  P  E  W  X  N  R
R  I  V  I  E  R  O  S  S  R  K  I  I  F
S  D  R  N  I  G  L  T  B  X  A  V  N  N
P  V  F  U  L  A  V  R  S  O  J  L  G  C
M  L  Y  W  C  V  E  E  R  B  O  O  T  E
T  Z  T  X  W  F  N  Z  L  N  B  T  A  C
Z  J  N  A  U  T  I  S  C  H  A  W  Z  Z
Z  B  V  V  Y  H  Q  V  I  H  Q  H  Y  F
```

ANKER	ZEE
BOEI	MOTOR
BEMANNING	NAUTISCH
DOK	OCEAAN
VEERBOOT	REDDINGSBOOT
VLOT	MEER
RIVIER	ZEILBOOT
KAJAK	TOUW
KANO	GOLVEN
MAST	JACHT

27 - Stadt

```
L B D D A P O T H E E K H I
U I O A G Z B L O E M I S T
C O D E F T P Q T R F N U B
H S N P K L G R E B L P P I
T C O I Q H K B L C Y P E B
H O M Z F G A L E R I J R L
A O U I T N G N E A J B M I
V P S K H E K S D N M A A O
E U E T E I L B C E P N R T
N G U O A C I U R H L K K H
H X M Y T D N Y E J O A T E
B A K K E R I J A P B O B E
X J B V R E E O N F E M L K
F R V M A R K T N A R G S U
```

APOTHEEK	BIOSCOOP
BANK	KLINIEK
BAKKERIJ	MARKT
BIBLIOTHEEK	MUSEUM
BLOEMIST	SCHOOL
BOEKHANDEL	STADION
LUCHTHAVEN	SUPERMARKT
GALERIJ	THEATER
HOTEL	

28 - Aktivitäten

```
G V R I J E T I J D K L D T
F A M B A C H T E N A A Z R
K S X Z C G A B E R M C O T
U I D P H H A F W F P T N U
N T E M T Q Z G K W E I M I
S C H I L D E R I J R V A N
T N V Q J E B D L T E I G I
D A N S E N Z R L S N T I E
P L E Z I E R E E E R E E R
K E R A M I E K N I Y I G E
F O T O G R A F I E E T A N
O N T S P A N N I N G N M Z
H E N G E L S P O R T G E K
V O U D B N A A I E N T S B
```

ACTIVITEIT	KUNST
HENGELSPORT	AMBACHTEN
KAMPEREN	LEZEN
ONTSPANNING	MAGIE
FOTOGRAFIE	NAAIEN
VRIJE TIJD	GAMES
TUINIEREN	BREIEN
SCHILDERIJ	DANSEN
JACHT	PLEZIER
KERAMIEK	

29 - Bienen

```
V O O R D E L I G F F R E D
B L O E S E M D C V R Z G V
E C O S Y S T E E M U N Y R
F H M K E P V H A B I T A T
B L O E M E N L R S T Z O N
H E D F U N I D E T P P X Z
I N S E C T C F R U J X N W
N H I T D U Q T O I G R T E
K W K N U T N U O F G E Y R
K E C K P I D I K M W D L M
H O N I N G V N I E A R S S
P L A N T E N E F E S D O T
K O N I N G I N R L S T B B
B I J E N K O R F C J T U L
```

BESTUIVER	HABITAT
BIJENKORF	ECOSYSTEEM
BLOEMEN	PLANTEN
BLOESEM	STUIFMEEL
VLEUGELS	ROOK
FRUIT	ZWERM
TUIN	ZON
HONING	VOORDELIG
INSECT	WAS
KONINGIN	

30 - Wissenschaftliche Disziplinen

```
O A H Y A M E C H A N I C A
H R A S N J E I J A G N H N
B C R S A O C U C Y E E S H
M H H P T J O P X Y O U F W
I E N S O R L S U L L R Y T
N O Y Y M W O G J X O O S A
E L X C I N G N M U G L I A
R O C H E M I E O S I O O L
A G A O K Q E N Q M E G L K
L I J L E B M A T K I I O U
O E S O C I O L O G I E G N
G K R G B I O L O G I E I D
I X B I O C H E M I E R E E
E R M E T E O R O L O G I E
```

ANATOMIE   MECHANICA
ARCHEOLOGIE   METEOROLOGIE
ASTRONOMIE   MINERALOGIE
BIOCHEMIE   NEUROLOGIE
BIOLOGIE   ECOLOGIE
CHEMIE   FYSIOLOGIE
GEOLOGIE   PSYCHOLOGIE
TAALKUNDE   SOCIOLOGIE

31 - Vögel

```
O Z O J B B B R O P K I P U
O U W M N T E E N D R A A F
I I S A O M E I M A A M Y R
E L S U A P A P E G A A I E
V P P Q W N B N E X I D P I
A Q X U N S M D U I F E O G
A K J K H F Z W W C S L N E
R Y O O U R L G C C F A D R
U K P E L I K A A N Y A R H
B U A K Q Q W N M Q W R P U
U Q U O R G X S U I K J C F
L J W E X T C W S A N Z M V
N Q I K P I N G U Ï N G L X
E F T D Z Q T F C E X U O Q
```

ADELAAR	PAPEGAAI
EI	PELIKAAN
EEND	PAUW
UIL	PINGUÏN
FLAMINGO	RAAF
GANS	REIGER
KIP	ZWAAN
KRAAI	MUS
KOEKOEK	OOIEVAAR
MEEUW	DUIF

32 - Garten

```
T V A W L B Y J D G B K E V
R V P B O O M F G A R A G E
A V S X N D N W T Z U A C R
M I L T K E R N B O H A S A
P J E U R M A R V N U C O N
O V U I U U H N W V V X F D
L E O N I R I S C H O P E A
I R N M D V B K H A B A N K
N S B O O M G A A R D J M S
E M S B L O E M N K G E U J
S H K L L O W I G M D V H L
T E R R A S R S M L G X W K
X K Q V C N E Z A W H G Z V
J C H W G E G Y T S M C S T
```

BANK	GAZON
BOOM	HARK
BLOEM	SCHOP
BODEM	SLANG
STRUIK	VIJVER
GARAGE	TERRAS
TUIN	TRAMPOLINE
GRAS	ONKRUID
HANGMAT	VERANDA
BOOMGAARD	HEK

33 - Antarktis

```
T U X W F V I J S W J W T S
X F L C A M O Q L I C E E C
R R B Q Z T U G U N G E M H
H U M A F A E C E D Y R P I
O F C I G P E R P L S X E E
O G L E T S J E R S S M R R
B M E I L A N D E N Q I A E
E S G A C O N T I N E N T I
H T I E X P E D I T I E U L
O M R R V B A A I Z L R U A
U O C S V I Y U G A O A R N
D F Q X W U N N B X H L H D
A I T N X W V G G R S E A L
O N D E R Z O E K E R N H I
```

BAAI	CONTINENT
IJS	MINERALEN
BEHOUD	TEMPERATUUR
EXPEDITIE	OMGEVING
ONDERZOEKER	VOGELS
GLETSJERS	WATER
SCHIEREILAND	WEER
EILANDEN	WIND

34 - Fahren

```
V O E T G A N G E R L L U M
A E V E R K E E R S I J V O
O U I B U S C V F N C M R T
F I T L A B W A Y E E X A O
S V L O I C D A W L N O C R
R W P G M G V R I H T N H F
E K Z A O P H Z M E I G T I
M G A S T O A E T I E E A E
M A V A O L O C I D W L U T
E R R N R I R L Z D I U T S
N A Y V M T U N N E L K O G
O G A C O I Q O Y A H H M A
V E R V O E R I L D E J B S
S G B R A N D S T O F A P G
```

AUTO	LICENTIE
REMMEN	VRACHTAUTO
BRANDSTOF	MOTOR
BUS	MOTORFIETS
VOETGANGER	POLITIE
GARAGE	VEILIGHEID
GAS	VERVOER
GEVAAR	TUNNEL
SNELHEID	ONGELUK
KAART	VERKEER

35 - Bücher

```
H  L  S  E  R  I  E  C  R  H  Q  U  Z  J
U  H  R  O  M  A  N  P  W  K  I  Z  G  C
M  O  I  W  F  P  C  V  I  B  B  A  E  F
O  W  B  Z  N  M  O  P  E  S  B  E  S  G
R  U  F  V  E  N  N  Ë  R  N  C  S  C  T
I  S  I  E  N  O  T  L  Z  I  T  H  H  S
S  G  U  R  C  U  E  O  Q  I  M  I  R  N
T  E  A  H  X  N  X  S  J  L  E  Z  E  R
I  D  U  A  L  I  T  E  I  T  P  Y  V  F
S  I  T  A  A  V  O  N  T  U  U  R  E  G
C  C  E  L  L  I  T  E  R  A  I  R  N  G
H  H  U  B  L  A  D  Z  I  J  D  E  N  S
R  T  R  H  I  S  T  O  R  I  S  C  H  K
I  S  P  V  E  R  T  E  L  L  E  R  O  O
```

AVONTUUR	HISTORISCH
AUTEUR	HUMORISTISCH
DUALITEIT	CONTEXT
EPISCH	LEZER
INVENTIEF	LITERAIR
VERTELLER	POËZIE
GEDICHT	ROMAN
VERHAAL	BLADZIJDE
GESCHREVEN	SERIE

36 - Menschlicher Körper

```
B  I  Z  B  R  A  V  G  G  M  G  U  E  I
E  L  O  D  L  Q  I  D  E  I  K  C  L  H
E  M  O  N  D  O  N  W  Z  Y  M  H  L  Y
N  R  O  E  U  I  G  H  I  B  N  E  E  H
E  H  R  U  D  K  E  S  C  W  C  R  B  U
N  Q  M  S  H  A  R  T  H  K  S  S  O  I
K  R  H  C  T  A  T  K  T  R  I  E  O  D
E  W  F  H  K  K  H  O  O  F  D  N  G  J
L  H  E  O  C  Y  C  K  N  M  K  E  R  B
K  A  G  U  D  Q  M  H  G  J  V  N  P  L
T  N  W  D  S  Q  E  S  Y  G  N  S  I  D
D  D  D  E  T  I  X  Y  N  E  K  N  D  E
P  K  K  R  N  G  W  U  C  R  V  G  P  C
C  T  U  H  E  K  F  R  V  L  Y  J  X  W
```

BEEN	KAAK
BLOED	KIN
ELLEBOOG	KNIE
VINGER	ENKEL
HERSENEN	HOOFD
GEZICHT	MOND
NEK	NEUS
HAND	OOR
HUID	SCHOUDER
HART	TONG

37 - Klettern

```
A S Y X F O D V C H K S K J
H T M Z H O O G T E R O K J
A E M A O S K R Y L A Z Y R
N R W O L J A O O M C P Y D
D R A Y S P D T C U H X A S
S E N P T F F R V V T Y B N
C I D X T F E L A A R Z E N
H N E W W Y L E T S E L V G
O P L H G S O G R Y T Y I R
E L E L I I V K U W I W K K
N P N B D E S K U N D I G E
E B S O S K A A R T W B P L
N O P L E I D I N G W E I J
U U V S N C R T B B Q H W S
```

ATMOSFEER GROT
OPLEIDING KAART
DESKUNDIGE FYSIEK
GIDSEN SMAL
TERREIN KRACHT
HANDSCHOENEN LAARZEN
HELM LETSEL
HOOGTE WANDELEN

38 - Landschaften

```
S C H I E R E I L A N D D S
A Z Z L N G L E T S J E R X
Y U Y D S R O Y D E W T I S
P R O J A D A L K I O P V C
M G L Q K X S Y F L E V I I
E O G J Z O E F H A S N E W
I B E R G S L M J N T V R A
J V I R H M Q G O D I O V T
S B S W A S D G S G J G U E
B T E J M S M Y B Z N R L R
E X R L R H E U V E L O K V
R K V A L L E I O E W T A A
G T O E N D R A E Z H Z A L
M E R K H D I Z I R A O N M
```

BERG	ZEE
IJSBERG	OASE
RIVIER	MEER
GEISER	STRAND
GLETSJER	MOERAS
GOLF	VALLEI
SCHIEREILAND	TOENDRA
GROT	VULKAAN
HEUVEL	WATERVAL
EILAND	WOESTIJN

39 - Abenteuer

```
A  V  E  R  R  A  S  S  E  N  D  I  M  K
S  C  K  A  N  S  Y  B  U  S  K  V  O  J
W  C  T  R  E  I  S  P  L  A  N  O  E  N
A  X  H  I  T  K  X  L  M  D  Y  O  I  A
A  L  O  O  V  R  E  U  G  D  E  R  L  T
S  D  X  S  O  I  V  M  Z  F  E  B  I  U
A  H  W  U  W  N  T  A  T  N  M  E  J  U
T  O  I  N  Q  J  H  E  M  R  S  R  K  R
W  D  M  O  B  I  G  E  I  O  H  E  H  E
O  N  G  E  W  O  O  N  I  T  E  I  E  I
S  I  W  Q  Z  D  M  N  X  D  S  D  I  Z
Q  E  H  V  E  I  L  I  G  H  E  I  D  E
P  U  E  X  C  U  R  S  I  E  S  N  V  N
L  W  V  R  I  E  N  D  E  N  V  G  I  L
```

ACTIVITEIT	REISPLAN
EXCURSIE	SCHOONHEID
KANS	MOEILIJKHEID
VREUGDE	VEILIGHEID
VRIENDEN	MOED
NATUUR	ONGEWOON
NIEUW	VERRASSEND
REIZEN	VOORBEREIDING

40 - Flugzeuge

```
B K D Z O B P U J X B R B A
C A Y K Z O E I L K V L Q V
P P L J C U F M L S Y U H O
N N A L L W V O A O S C E N
A R T K O O S T W N O H M T
V W M Y G N J O K U N T E U
I H O O G T E R D J Y I L U
G E S C H I E D E N I S N R
E W F W A T E R S T O F E G
R E E B R A N D S T O F T E
E E E P R O P E L L E R S H
N R R T U R B U L E N T I E
R Y O N T W E R P K I F L D
P A S S A G I E R R E U M J
```

AVONTUUR	LUCHT
ATMOSFEER	MOTOR
BALLON	NAVIGEREN
BRANDSTOF	PASSAGIER
BEMANNING	PILOOT
ONTWERP	PROPELLERS
GESCHIEDENIS	TURBULENTIE
HEMEL	WATERSTOF
HOOGTE	WEER
BOUW	

41 - Haartypen

```
G D G E K L E U R D R O O G
O U E O S K A A L T I I I O
L N Z K Q A P L A H Q K K N
V K O O W F A N Z W A R T
E R N R B W V C G Y M I L K
N U D T N R L F Z A C H T R
D L S Y O O U S G M O J T U
A L G R I J S I U S H C N L
Z E S O U G N Z N A D Y B L
B N G H J K B I U D F B I E
L D O X G E V L O C H T E N
O X R X U Q U V A I E O A H
N B T W Y V L E C H T E N K
D I Z V J T A R F Z D O P E
```

BLOND	LANG
BRUIN	KRULLEN
DIK	KRULLEND
DUN	ZWART
GEKLEURD	ZILVER
GEVLOCHTEN	DROOG
GEZOND	ZACHT
GRIJS	WIT
KAAL	GOLVEND
KORT	VLECHTEN

42 - Essen #1

```
B S P I N A Z I E Z P R W C
P A K I P Q H S L R J O W I
T T S A P A Q Z G B L T K T
R O Z I P I N D A E G Q N R
K N O F L O O K A N E E L O
W I U V D I Q A C F S K N E
B J T B C U C A U K O C T N
Y N K N X S F U G W E B O M
R A A P E E R H M O P Q A D
R S U V S U I K E R N U I N
J L Y Z L G D B S T M I W G
K O F F I E N A P E I E U W
A F G U R G E R S L W B L N
A A R D B E I S A L A D E K
```

BASILICUM   SAP
PEER   SALADE
AARDBEI   ZOUT
PINDA   SPINAZIE
VLEES   SOEP
KOFFIE   TONIJN
WORTEL   KANEEL
KNOFLOOK   CITROEN
MELK   SUIKER
RAAP   UI

43 - Gebäude

```
Z  M  H  G  Z  J  F  A  B  R  I  E  K  E
K  U  O  F  J  O  W  A  I  K  R  E  M  R
G  S  T  A  D  I  O  N  O  P  D  W  X  N
A  E  E  T  A  M  B  A  S  S  A  D  E  H
R  U  L  O  G  H  D  B  C  A  B  I  N  E
A  M  R  R  C  K  O  Z  O  T  J  K  G  R
G  T  H  E  A  T  E  R  O  E  S  Y  K  B
E  W  A  N  M  T  N  Q  P  N  C  G  D  E
B  O  E  R  D  E  R  I  J  T  H  G  E  R
L  A  B  O  R  A  T  O  R  I  U  M  N  G
J  B  U  Z  I  E  K  E  N  H  U  I  S  D
K  O  B  S  E  R  V  A  T  O  R  I  U  M
J  J  S  U  P  E  R  M  A  R  K  T  C  R
K  I  P  S  C  H  O  O  L  P  Z  V  S  I
```

BOERDERIJ	MUSEUM
AMBASSADE	OBSERVATORIUM
FABRIEK	SCHUUR
GARAGE	SCHOOL
HERBERG	STADION
HOTEL	SUPERMARKT
CABINE	THEATER
BIOSCOOP	TOREN
ZIEKENHUIS	TENT
LABORATORIUM	

44 - Angeln

```
O  L  B  I  T  O  U  B  G  H  D  U  M  E
C  E  W  Y  Q  N  A  O  M  E  E  R  C  X
E  H  Y  D  V  X  N  O  N  Q  D  K  H  A
A  G  E  W  I  C  H  T  K  M  W  U  M  G
A  B  E  A  N  G  U  Q  A  O  A  K  L  H
N  C  O  T  N  Z  S  H  A  A  K  N  L  D
B  R  G  E  E  X  Y  D  K  X  C  X  D  S
R  P  T  R  N  K  I  E  U  W  E  N  D  E
A  P  P  A  R  A  T  U  U  R  W  U  U  I
B  D  S  T  R  A  N  D  A  D  X  Q  L  Z
W  R  I  V  I  E  R  D  M  M  B  J  S  O
A  A  Z  J  A  X  M  X  A  R  P  S  H  E
A  A  J  K  L  T  Y  H  E  E  S  J  L  N
S  D  O  V  E  R  D  R  I  J  V  I  N  G
```

APPARATUUR	KIEUWEN
BOOT	KOK
DRAAD	MAND
VINNEN	AAS
RIVIER	OCEAAN
GEDULD	MEER
GEWICHT	STRAND
HAAK	OVERDRIJVING
SEIZOEN	WATER
KAAK	

45 - Regenwald

```
S  G  I  D  O  H  K  A  Z  Q  J  M  R  W
T  E  N  T  I  V  D  S  A  N  U  G  E  A
B  M  S  B  C  V  E  O  A  G  N  A  S  A
U  E  E  O  K  I  E  R  U  E  G  M  P  R
J  E  C  T  L  U  A  R  L  V  L  F  E  D
U  N  T  A  I  D  N  Z  S  E  E  I  C  E
S  S  E  N  M  D  B  O  O  I  V  B  T  V
X  C  N  I  A  S  R  K  O  P  T  I  E  O
V  H  I  S  A  T  X  Y  R  F  W  E  N  L
O  A  N  C  T  J  U  R  T  Y  A  Ë  I  G
G  P  M  H  N  D  S  U  T  Z  K  N  H  T
E  W  O  L  K  E  N  P  R  Z  F  S  G  U
L  L  S  Z  O  O  G  D  I  E  R  E  N  Q
S  H  X  X  I  N  H  E  E  M  S  H  D  M
```

AMFIBIEËN
SOORT
BOTANISCH
JUNGLE
INHEEMS
GEMEENSCHAP
INSECTEN
KLIMAAT
MOS

NATUUR
RESPECT
ZOOGDIEREN
OVERLEVING
DIVERSITEIT
VOGELS
WAARDEVOL
WOLKEN

46 - Essen #2

```
K  J  E  C  O  A  S  P  E  R  G  E  B  A
B  E  H  V  E  K  D  T  I  X  Y  T  J  E
R  P  R  C  H  O  C  O  L  A  D  E  X  J
O  A  I  S  A  U  B  E  R  G  I  N  E  C
C  D  J  E  V  R  Y  O  G  H  U  R  T  C
C  D  S  L  L  J  C  T  O  M  A  A  T  B
O  E  T  D  V  I  S  A  B  U  P  M  A  A
L  S  N  E  B  R  O  O  D  S  J  R  R  N
I  T  A  R  W  E  S  R  Y  S  J  X  H  A
Y  O  G  I  R  U  A  P  P  E  L  D  F  A
I  E  Y  J  U  J  N  H  K  A  A  S  B  N
V  L  A  R  T  I  S  J  O  K  B  Z  R  A
A  H  Z  E  T  S  V  D  U  E  F  A  K  K
K  Y  V  A  M  A  N  D  E  L  C  N  R  D
```

APPEL	KERS
ARTISJOK	AMANDEL
AUBERGINE	PADDESTOEL
BANAAN	RIJST
BROCCOLI	HAM
BROOD	CHOCOLADE
EI	SELDERIJ
VIS	ASPERGE
YOGHURT	TOMAAT
KAAS	TARWE

47 - Familie

```
K V U E X O O M K I N D T P
B L A U R P L O K S N M W Q
H R E D O A A E F U I A E B
M X O I E V A D E R C N E X
H P H E N R U E C R H E L D
X D O I R Z L R R D T E I D
O L G A T U O I N B A F N B
V R O U W S U O J Z N K G U
Q K I N D E R E N K T W A B
T V N Z S Z K H J Y E Q V B
T S B D O C H T E R G X I R
E T B V O O R O U D E R E S
H C G L H P R J G Y T G Q Q
G R O O T M O E D E R O Q J
```

BROER
VROUW
MAN
KLEINZOON
GROOTMOEDER
OPA
KIND
KINDEREN
JEUGD
MOEDER

NEEF
NICHT
OOM
ZUS
TANTE
DOCHTER
VADER
VADERLIJK
VOOROUDER
TWEELING

48 - Pflanzen

```
V B F V G M E I X T I J I D
H E N J R Z O S O R H S M G
B S G Q A V J H E N Q T G E
L K Y E S Z R B A M B O E B
O R C W T W X O K D O M S L
E U A O R A P O M G S S R A
M I C R U Y T M F L O R A D
B D T T I K L I M O P O Z E
L F U E K X Q T E O W A U R
A W S L S V T B U L U O M T
D B L O E M V O D I L B E E
P L A N T K U N D E N O S L
A C Y N A N J V M O G O T M
T L R B A N Z Z V L V N W I
```

BAMBOE
BOOM
BES
BLOEM
BLOEMBLAD
BOON
PLANTKUNDE
STRUIK
MEST
KLIMOP

FLORA
TUIN
GRAS
CACTUS
KRUID
GEBLADERTE
MOS
VEGETATIE
BOS
WORTEL

49 - Kunst

```
P E R S O O N L I J K S P L
C P Y X J J Z E M M V Y O Z
R O R I G I N E E L I M Ë W
E R M F L Q S R I J S B Z O
Ë T A P B J S L X G U O I H
R R V B L I R I I K E O E U
E E J C C E O J O O E L J M
N T K B K Z X K W B L P G E
N T S U R R E A L I S M E U
B E E L D H O U W W E R K R
S R K E R A M I S C H C Y A
Y E U I T D R U K K I N G G
O N S C H I L D E R I J E N
G E Ï N S P I R E E R D G F
```

UITDRUKKING
EERLIJK
SCHILDERIJEN
GEÏNSPIREERD
KERAMISCH
COMPLEX
ORIGINEEL
PERSOONLIJK

POËZIE
PORTRETTEREN
CREËREN
BEELDHOUWWERK
HUMEUR
SURREALISME
SYMBOOL
VISUEEL

50 - Gewürze

```
K R U Q J S A F F R A A N P
E A A N I J S E T E R G K E
R K R U I D N A G E L H A P
R D S I V K A N E E L R R E
I V P O A P N E H G F T D R
E P D F N O A O Z O E T E O
U I I A I T P P F T A C M P
Z O U T L M V X R L S W O D
H R Y H L F Q O Z I O D M R
C O P G E M B E R U K O I O
S M A A K B M N B X U A K P
P D R C K G B I T T E R R V
N O O T M U S K A A T H P I
Q N C S C C G V E N K E L X
```

ANIJS	KRUIDNAGEL
BITTER	PAPRIKA
KERRIE	PEPER
VENKEL	SAFFRAAN
SMAAK	ZOUT
GEMBER	ZUUR
KARDEMOM	ZOET
KNOFLOOK	VANILLE
DROP	KANEEL
NOOTMUSKAAT	UI

51 - Gemüse

```
A  L  O  V  Q  U  T  S  J  S  K  M  E  S
W  A  S  E  L  D  E  R  I  J  C  U  B  P
O  R  R  A  U  B  E  R  G  I  N  E  L  E
R  G  A  D  N  K  J  S  U  I  Z  R  O  T
T  R  Q  A  A  Y  N  M  M  Z  L  W  E  E
E  K  W  Q  P  P  T  O  M  A  A  T  M  R
L  R  B  U  R  Z  P  W  F  T  L  Q  K  S
K  O  M  K  O  M  M  E  R  L  J  Y  O  E
P  O  M  P  O  E  N  Y  L  N  O  V  O  L
E  Y  S  W  G  E  M  B  E  R  A  O  L  I
T  H  F  A  B  R  O  C  C  O  L  I  K  E
N  E  L  P  A  D  D  E  S  T  O  E  L  J
A  R  T  I  S  J  O  K  S  A  L  A  D  E
O  L  I  J  F  Y  S  P  I  N  A  Z  I  E
```

ARTISJOK	POMPOEN
AUBERGINE	OLIJF
BLOEMKOOL	PETERSELIE
BROCCOLI	PADDESTOEL
ERWT	RAAP
KOMKOMMER	SALADE
GEMBER	SELDERIJ
WORTEL	SPINAZIE
AARDAPPEL	TOMAAT
KNOFLOOK	UI

52 - Katzen

```
K  S  B  Q  P  Z  A  L  S  P  P  O  O  T
O  N  U  T  N  O  X  B  L  O  U  H  E  Z
U  I  S  I  P  A  O  O  A  A  S  K  P  X
V  E  R  L  E  G  E  N  A  D  Q  J  U  U
M  U  I  S  C  U  S  T  P  X  E  K  F  T
M  W  G  Y  X  J  U  T  M  G  D  O  I  B
P  S  N  E  L  A  O  T  A  R  U  N  T  Q
L  G  Z  B  K  G  N  Q  W  A  W  V  T  G
S  I  X  K  L  E  I  N  E  P  R  I  G  Q
P  E  S  A  A  R  G  Z  B  P  Z  T  L  B
E  R  C  Q  U  U  C  S  V  I  H  E  P  D
E  I  U  Q  W  P  X  W  M  G  A  R  E  N
L  G  R  F  N  I  S  U  F  T  P  P  C  V
S  O  N  A  F  H  A  N  K  E  L  I  J  K
```

BONT	SNEL
GAREN	VERLEGEN
JAGER	STAART
GRAPPIG	ONAFHANKELIJK
KLAUW	GEK
MUIS	SPEELS
NIEUWSGIERIG	KLEIN
POOT	WILD
SLAAP	

53 - Tanzen

```
G B Q B K H C A N Y P V F C
W E Y U H O U D I N G I T H
C W N A O C L W Y Y D S E O
E E W A R I T M E P Y U Q R
N G P E D D U Z U H C E I E
N I U T X E U H V Z W E V O
K N Q W N P R I S V I L Q G
L G D J P A R T N E R E G R
A C A D E M I E A P T M K A
S P R I N G E N S H W O B F
S L I C H A A M K S H T L I
I C U L T U R E E L I I I E
E I T R E P E T I T I E J N
K U N S T H Q M Z B O X F O
```

ACADEMIE	CULTUUR
GENADE	CULTUREEL
EXPRESSIEF	KUNST
BEWEGING	MUZIEK
CHOREOGRAFIE	PARTNER
EMOTIE	REPETITIE
BLIJ	RITME
HOUDING	SPRINGEN
KLASSIEK	VISUEEL
LICHAAM	

54 - Ernährung

```
K K E W A G G E W I C H T C
W N S G G G E E T L U S T A
A I I M R L Q Z T B N B K L
L E E T B A A R O G A I O O
I I S Q K D N R X N L T O R
T W A D M E F E I T D T L I
E I U O K E D N N Q F E H E
I T S I C L H S E M F R Y Ë
T T D I E E T L M U W Q N
I E Q K K O D J T A U O R S
L N V I T A M I N E A O A D
G E Z O N D H E I D D K T U
X F E R M E N T A T I E E X
V O E D I N G S S T O F N X
```

EETLUST	CALORIEËN
BITTER	KOOLHYDRATEN
DIEET	VOEDINGSSTOF
EETBAAR	DEEL
FERMENTATIE	EIWITTEN
SMAAK	KWALITEIT
GEZOND	SAUS
GEZONDHEID	TOXINE
GRANEN	VITAMINE
GEWICHT	

55 - Technologie

```
N C Z V O P B B T R V W S H
E U C I N U E L E L T A Q K
U R D R D H S S O R V S S N
W S M T E S T I C G I B B S
D O F U R C A M E R A C D O
I R H E Z H N H R N D I H F
G N G E O E D A A R C S E T
I B T L E R B R O W S E R W
T Y L E K M R W A N T A F A
A T B K R C O M P U T E R R
A E P J U N G Z L H C W K E
L S V V G G E G E V E N S L
S W G X L E T T E R T Y P E
S T A T I S T I E K B D F D
```

SCHERM	ONDERZOEK
BLOG	INTERNET
BROWSER	CAMERA
BYTES	BERICHT
COMPUTER	LETTERTYPE
CURSOR	SOFTWARE
BESTAND	STATISTIEK
GEGEVENS	VIRTUEEL
DIGITAAL	

56 - Wasser

```
V A B M D O U C H E C H N A
E A E V O C H T I G H E I D
R U A L W E M I D A I N K L
D V L K S Q S X G U E Q I S
A O C E A A N S B V S X G T
M C R V V J X H O V J T W O
P H Y I Z O R K A N A A L O
I T V L V X R G E I S E R M
N I L K G I J S N E E U W O
G G B O H W E Y T T D J P R
J O V E R S T R O M I N G K
D R I N K B A A R E G E N A
K I R R I G A T I E G S B A
G O L V E N E P S R R K E N
```

IRRIGATIE	ORKAAN
STOOM	KANAAL
DOUCHE	MOESSON
IJS	OCEAAN
VOCHTIG	REGEN
VOCHTIGHEID	SNEEUW
RIVIER	MEER
OVERSTROMING	DRINKBAAR
VORST	VERDAMPING
GEISER	GOLVEN

57 - Science Fiction

```
B  S  C  E  N  A  R  I  O  T  Z  C  D  U
F  I  P  V  F  B  R  A  N  D  W  R  E  F
A  E  O  L  E  X  B  O  E  K  E  N  N  U
N  X  C  S  A  F  W  A  B  O  F  Z  K  T
T  P  H  D  C  N  F  X  M  O  U  K  B  U
A  L  E  V  M  O  E  L  Y  E  T  X  E  R
S  O  M  D  O  W  O  E  S  X  O  S  E  I
T  S  I  Y  R  E  I  P  T  T  P  V  L  S
I  I  C  S  A  R  J  P  E  R  I  Z  D  T
S  E  A  T  K  E  U  D  R  E  E  N  I  I
C  Y  L  O  E  L  D  D  I  E  Y  F  G  S
H  D  I  P  L  D  G  E  E  M  X  M  R  C
J  M  Ë  I  E  I  L  L  U  S  I  E  E  H
W  P  N  E  A  K  Z  E  S  F  Q  J  E  I
```

BOEKEN	ILLUSIE
CHEMICALIËN	DENKBEELDIG
DYSTOPIE	BIOSCOOP
EXPLOSIE	ORAKEL
EXTREEM	PLANEET
FANTASTISCH	ROBOTS
BRAND	SCENARIO
FUTURISTISCH	UTOPIE
MYSTERIEUS	WERELD

58 - Haustiere

```
P U P P Y K A T Z A Z K W A
H O N D V I S J Z Z G R G H
K A T J E O Z L M E Y A E P
L Q J E L S E O U R S A D Q
A G A A N A C D I D K G I N
U K O N I J N H S T A A R T
W P A P E G A A I E G B F W
E W H D E E D G T L L R H A
N K A Z N I E E E J D X Z T
F O M F W T S D F D H P R E
W E S B W F Z I C P P H A R
C W T C B F J S K S M Z U D
D I E R E N A R T S T W R K
C V R O B N F W Y R R W J J
```

HAGEDIS	KOE
VOEDSEL	MUIS
VIS	PAPEGAAI
HAMSTER	POTEN
KONIJN	SCHILDPAD
HOND	STAART
KAT	DIERENARTS
KATJE	WATER
KRAAG	PUPPY
KLAUWEN	GEIT

59 - Geburtstag

```
G E L U K K I G S E T V U V
W U Y J J O N G I D I R I I
M H H P A R T I J A J I T E
B L I J A U C J K G D E N R
W D H R R L E R E N T N O I
I H L G G S I N C I H D D N
J K A L E N D E R B G E I G
S C K R S E G M D P E N G J
H S P E C I A A L L B E I L
E T K R H C S N E E O J N L
I J C J E H T W J Z R W G D
D K S A N A F O S I E B E P
C A I K K I J Q C E N Z N R
K A A R T E N T U R B C E P
```

UITNODIGINGEN	KAARTEN
VIERING	CAKE
BLIJ	LEREN
VRIENDEN	LIED
GEBOREN	PARTIJ
GESCHENK	PLEZIER
GELUKKIG	SPECIAAL
JAAR	DAG
JONG	WIJSHEID
KALENDER	TIJD

60 - Literatur

```
W  R  A  N  A  L  O  G  I  E  A  G  K  Q
S  P  I  T  V  A  N  T  R  I  N  E  S  T
D  O  G  J  J  U  N  N  D  G  E  D  T  S
U  Ë  S  S  M  T  E  F  R  R  K  I  I  A
C  T  R  A  G  E  D  I  E  I  D  C  J  S
L  I  H  M  K  U  U  C  D  T  O  H  L  Y
E  S  G  E  H  R  S  T  U  M  T  T  I  U
D  C  U  S  M  J  Z  I  P  E  E  J  L  Z
I  H  R  N  T  A  M  E  T  A  F  O  O  R
A  N  A  L  Y  S  E  X  L  R  O  M  A  N
L  V  E  R  T  E  L  L  E  R  N  A  V  C
O  M  S  C  H  R  I  J  V  I  N  G  G  D
O  B  I  O  G  R  A  F  I  E  A  L  J  F
G  C  O  N  C  L  U  S  I  E  I  N  G  G
```

ANALOGIE

ANALYSE

ANEKDOTE

AUTEUR

OMSCHRIJVING

BIOGRAFIE

DIALOOG

VERTELLER

FICTIE

GEDICHT

METAFOOR

POËTISCH

RIJM

RITME

ROMAN

CONCLUSIE

STIJL

THEMA

TRAGEDIE

61 - Wandern

```
K A M P E R E N M U U L V C
W E E R I Y D A U O B A O I
W I L D J Q I T N I E A O U
G Z S P N L E U B D R R R I
M O W B O O P U O X G Z B M
Q N K A A R T R U K A E E S
S R Y T A D O T E J G N R D
D V K R P R P N P D I H E J
Y E L V S K L I F I D S I J
O R I Ë N T A T I E S U D E
Z N M B F G E V A R E N I O
V U A Z O C Q N X E N H N D
U R A W A T E R E N P R G W
Y D T M A K L F E N F C F Q
```

BERG	ORIËNTATIE
KAMPEREN	ZWAAR
GIDSEN	ZON
GEVAREN	STENEN
TOP	LAARZEN
KAART	DIEREN
KLIMAAT	VOORBEREIDING
KLIF	WATER
MOE	WEER
NATUUR	WILD

62 - Länder #2

```
S  J  M  E  X  I  C  O  E  G  A  N  D  A  L
L  Y  W  J  T  I  E  R  L  A  N  D  N  P
P  Z  R  W  W  H  Y  H  X  Y  E  O  I  Y
I  G  D  I  N  A  I  L  E  X  P  T  G  T
F  C  Y  E  Ë  Ï  S  O  E  D  A  N  E  F
R  X  K  M  I  T  I  C  P  G  L  D  R  Y
A  P  C  M  E  I  P  R  U  I  N  H  I  X
N  A  L  B  A  N  I  C  J  M  Ë  N  A  N
K  Y  Y  G  R  I  E  K  E  N  L  A  N  D
R  U  S  L  A  N  D  E  S  Z  S  A  L  U
I  O  E  K  R  A  Ï  N  E  B  T  C  O  F
J  A  P  A  N  D  G  I  P  F  Z  C  R  S
K  E  M  H  I  B  P  A  K  I  S  T  A  N
L  I  B  E  R  I  A  J  A  M  A  I  C  A
```

ALBANI	LIBERIA
ETHIOPIË	MEXICO
FRANKRIJK	NEPAL
GRIEKENLAND	NIGERIA
HAÏTI	PAKISTAN
IERLAND	RUSLAND
JAMAICA	SOEDAN
JAPAN	SYRIË
KENIA	OEGANDA
LAOS	OEKRAÏNE

63 - Fahrzeuge

```
V Y X S Z T V E E R B O O T
H F V F I E T S U D A N B Y
C E E V K O J N F Y N D U T
B V L I E G T U I G D E S L
T C M I Y B K X S Z E R A W
H A A L K M D R C M N Z U O
T R A C T O R D O T R E I N
D A U K N T P Q O L A E M V
W V T R B O O T T H K Ë E L
D A O W D R A A E S E R T O
U N K Z K X O G R R T T R T
A M B U L A N C E E F A O D
V R A C H T A U T O I X G E
D W M D O V R G V K T I L V
```

AUTO
BOOT
BUS
FIETS
VEERBOOT
VLOT
VLIEGTUIG
HELIKOPTER
AMBULANCE
VRACHTAUTO

MOTOR
RAKET
BANDEN
SCOOTER
TAXI
TRACTOR
METRO
ONDERZEEËR
CARAVAN
TREIN

64 - Musikinstrumente

```
T R O M P E T B F G Y A M V
F M O N D H A R M O N I C A
K L A R I N E T L N P M A D
U X V R H G P I J G U M K K
P I A N O V G I T A A R P M
W Z C K C I X T R B I N E A
X N Q E M O E Q O A B Q R N
H A R P L O U Y M N Y V C D
T Q C H T L G N M J C H U O
S A X O F O O N E O Y P S L
U D L B W S M F L U I T S I
F A G O T R O M B O N E I N
T A M B O E R I J N S G E E
R V K L O K K E N S P E L Z
```

BANJO	PIANO
CELLO	MANDOLINE
FAGOT	MONDHARMONICA
FLUIT	HOBO
VIOOL	TROMBONE
GITAAR	SAXOFOON
KLOKKENSPEL	PERCUSSIE
GONG	TAMBOERIJN
HARP	TROMMEL
KLARINET	TROMPET

65 - Blumen

```
T  Z  P  L  U  M  E  R  I  A  L  G  L  B
U  B  O  E  K  E  T  A  R  L  E  A  A  S
L  K  H  N  X  S  J  K  C  Y  L  R  V  M
P  M  D  P  N  G  S  J  C  N  I  D  E  A
P  A  P  A  V  E  R  O  O  S  E  N  D  D
I  G  O  A  G  G  B  B  Y  A  Z  N  D  E
O  N  R  R  F  K  L  L  J  X  R  I  E  L
E  O  C  D  B  A  O  O  O  L  T  A  L  I
N  L  H  E  Y  O  E  J  I  E  I  W  T  E
R  I  I  B  M  X  M  L  Z  R  M  L  U  F
O  A  D  L  H  I  B  I  S  C  U  S  A  J
O  X  E  O  R  K  L  A  V  E  R  F  M  E
S  O  E  E  R  Y  A  W  W  Q  T  P  W  W
A  O  A  M  V  R  D  J  A  S  M  I  J  N
```

BLOEMBLAD	MAGNOLIA
GARDENIA	PAPAVER
MADELIEFJE	ORCHIDEE
HIBISCUS	PIOENROOS
JASMIJN	PLUMERIA
KLAVER	ROOS
LAVENDEL	ZONNEBLOEM
LILA	BOEKET
LELIE	TULP
PAARDEBLOEM	

66 - Natur

```
X  S  N  T  T  H  H  U  T  U  B  L  E  R
B  P  X  R  G  L  E  T  S  J  E  R  T  I
S  V  Q  O  M  W  B  I  Z  A  Q  L  O  V
E  A  H  P  K  K  E  I  L  O  D  R  S  I
R  Z  W  I  L  D  R  T  J  I  G  O  W  E
E  A  Z  S  A  T  G  H  K  E  G  H  T  R
E  R  D  C  G  J  E  B  V  K  N  D  F  F
N  I  O  H  G  K  N  Q  I  X  W  T  O  Q
H  R  U  S  T  I  G  Z  T  C  Y  M  O  M
S  C  H  U  I  L  P  L  A  A  T  S  S  I
E  P  B  B  X  E  N  W  A  J  D  W  I  S
A  R  C  T  I  S  C  H  L  S  B  O  S  T
D  Z  D  I  E  R  E  N  B  J  B  U  D  N
G  E  B  L  A  D  E  R  T  E  M  Z  L  W
```

ARCTISCH	GEBLADERTE
BERGEN	VITAAL
BIJEN	MIST
EROSIE	SCHUILPLAATS
RIVIER	DIEREN
RUSTIG	TROPISCH
GLETSJER	BOS
HEILIGDOM	WILD
SEREEN	

67 - Urlaub #2

```
W K A M P E R E N B T R T K
H O T E L O X N J U A E E A
V R I J E T I J D I X S N A
B R E L G L E Z I T I T T R
L E V A K A N T I E C A T T
U I S I B Y I G O N C U R D
C S T T S P I G S L R R E P
H Y R D E U W P T A E A I A
T G A T Z M M J Y N I N N S
H K N T Z E M N A D L T M P
A D D Z M I E I J S A P L O
V E R V O E R X N L N Y G O
E Y E D W L C R C G D Y U R
N B U I T E N L A N D E R T
```

BUITENLANDER   REIS
BUITENLANDS   RESTAURANT
KAMPEREN   STRAND
LUCHTHAVEN   TAXI
VRIJE TIJD   VERVOER
HOTEL   VAKANTIE
EILAND   VISUM
KAART   TENT
ZEE   BESTEMMING
PASPOORT   TREIN

68 - Zirkus

```
T O E S C H O U W E R K W I
C V T E W T A V P A R A D E
I L S L T K V Q M O T A E S
L A O T I J G E R L I R M P
I C V W K O K X D I N T U E
L R G J N N O T M F L J M C
E O R A R G S L A A T E N T
E B I O T L T R G N E J U A
U A D J M E U W I T A A P C
W A I N W U U S E W I O A U
V T E D J R M U Z I E K L L
V E R M A K E N X Y I U R A
D K E C H M M T Z C P V Z I
N R N G G O O C H E L A A R
```

AAP	PARADE
ACROBAAT	SPECTACULAIR
CLOWN	DIEREN
OLIFANT	TIJGER
KAARTJE	TRUC
JONGLEUR	VERMAKEN
KOSTUUM	GOOCHELAAR
LEEUW	LAAT
MAGIE	TENT
MUZIEK	TOESCHOUWER

69 - Barbecues

```
C V N C E B B H O N G E R Z
M U Z I E K I N D E R E N H
M J D K G S Z A I P I I M O
T E D T P R Q S N L L K Z I
U U S C J E O M E R L R H O
T H A S Q V P E R H E E T F
Z O U T E R T E N G W V P R
W U S Q Z N J F R T P O C U
K I P S A L A D E S E R I I
F A M I L I E X V Z Z K N T
X S P I U W U W K O K E N Q
V H S O N A J O Y M V N A R
J P H I C V G A M E S Z X K
B E E N H M J O S R B Z E P
```

DINER	KOKEN
FAMILIE	MESSEN
FRUIT	LUNCH
VORKEN	MUZIEK
GROENTE	PEPER
GRILL	SALADES
HEET	ZOUT
KIP	ZOMER
HONGER	SAUS
KINDEREN	GAMES

70 - Küche

```
N D S P E C E R I J E N D M
P O C Q N B T D K E X S D E
E K R E E T S T O K J E S S
T F P R R V C U P R Q R B S
P G R I L L H F Z U T V I E
K O M U C A O B V I R E Y N
S U L G N X R I O K E T E L
V Q E L A L T V R I E Z E R
K O P Q E A Y F K E B X H O
V L E C V P R R E K C K T V
M M L D N H E K N J S E G E
L S S W S O Y L E R R D P N
U B J Q K E O S P O N S W T
S Z J K O E L K A S T P W V
```

VOEDSEL	MESSEN
EETSTOKJES	OVEN
VORKEN	RECEPT
VRIEZER	SCHORT
SPECERIJEN	KOM
GRILL	SPONS
POLLEPEL	SERVET
KRUIK	CUP
KOELKAST	KETEL
LEPELS	

71 - Schach

```
F V D M U K O N I N G S E T
S P E L E R O V A O H L Q E
P J Y E I A D N V F S I D G
E S T R A T E G I E I M I E
L T O E N G K T K N R P A N
A J E N Z W A R T C G T G S
H S R L M Z M P H O Z I O T
K F N C H R P G A C W J N A
R T O G H P I O A S D D A N
R N O S N A O W R Y S I A D
E L I Q B V E L I M S I L E
P U N T E N N F M T S U E R
T W E D S T R I J D L A A F
R E G L E M E N T O F F E R
```

KAMPIOEN
DIAGONAAL
TEGENSTANDER
SLIM
KONING
KONINGIN
LEREN
OFFER
PASSIEF
PUNTEN

REGLEMENT
ZWART
SPEL
SPELER
STRATEGIE
TOERNOOI
WIT
WEDSTRIJD
TIJD

72 - Erhaltung

```
V V C V Z Q B C A P J P C N
R E E E N M L H I J J E H A
I R K R M I L I E U W S E T
J M J C V I F E Z T I T M U
W I T D U U R Z A A M I I U
I N D H A B I T A T J C C R
L D W A T E R L S V F I A L
L E O N D E R W I J S D L I
I R H M F I E T S N D E I J
G E D G F P X H K D G G Ë K
E N O R G A N I S C H R N X
R E C Y C L E R E N P O V F
M D L K L I M A A T B E Y P
G E Z O N D H E I D D N Y R
```

ONDERWIJS
CHEMICALIËN
VRIJWILLIGER
GEZONDHEID
GROEN
KLIMAAT
HABITAT
DUURZAAM
NATUURLIJK

ORGANISCH
PESTICIDE
RECYCLEREN
VERMINDEREN
MILIEU
VERVUILING
WATER
FIETS

73 - Geographie

```
B  R  G  X  U  F  R  E  U  Y  L  H  P  I
R  R  I  E  F  H  I  I  I  C  F  A  U  J
E  Z  E  E  K  O  V  L  R  S  Y  L  N  B
V  W  L  E  L  O  I  A  I  T  G  F  G  D
E  E  X  E  D  G  E  N  W  A  W  R  R  K
N  S  W  T  A  T  R  D  N  D  E  O  O  A
A  T  L  A  S  E  E  M  O  L  R  N  N  A
A  E  R  P  O  F  G  G  O  M  E  D  D  R
R  N  X  M  F  Y  I  Z  R  G  L  L  G  T
X  H  T  V  Z  R  O  F  D  A  D  D  E  S
X  Q  P  G  E  W  O  C  E  A  A  N  B  B
M  E  R  I  D  I  A  A  N  U  S  D  I  E
C  O  N  T  I  N  E  N  T  N  M  T  E  R
Y  E  W  U  I  Y  D  M  T  C  D  W  D  G
```

ATLAS	CONTINENT
EVENAAR	LAND
BERG	ZEE
BREEDTEGRAAD	MERIDIAAN
RIVIER	NOORDEN
GRONDGEBIED	OCEAAN
HALFROND	REGIO
HOOGTE	STAD
EILAND	WERELD
KAART	WESTEN

74 - Zahlen

```
L  V  V  E  E  R  T  I  E  N  V  C  C  Z
T  I  V  I  J  F  T  I  E  N  S  T  S  E
Z  E  S  T  I  E  N  X  B  Z  G  E  P  V
E  R  N  W  W  H  U  H  F  P  T  Y  T  E
S  D  M  I  I  E  L  D  Z  N  W  G  I  N
Y  B  A  N  E  G  E  N  T  I  E  N  E  T
Z  Q  U  T  N  E  G  E  N  Z  I  C  N  I
T  E  C  I  J  D  E  C  I  M  A  A  L  E
W  W  V  G  Y  U  E  X  T  S  F  H  G  N
A  I  I  E  I  X  D  R  I  E  N  O  X  V
A  I  J  Y  N  A  C  H  T  T  I  E  N  X
L  D  F  K  V  C  P  X  C  I  Q  F  G  H
F  H  M  N  B  H  C  S  V  V  E  S  V  G
U  N  J  L  H  T  X  C  P  C  D  N  W  K
```

ACHT	ZES
ACHTTIEN	ZESTIEN
DECIMAAL	ZEVEN
DRIE	ZEVENTIEN
DERTIEN	VIER
VIJF	VEERTIEN
VIJFTIEN	TIEN
NEGEN	TWINTIG
NEGENTIEN	TWEE
NUL	TWAALF

75 - Kunst Liefert

```
L I I D E E Ë N L F A F I L
I K Q P Z W A T E R I C N N
J E L F E R Z Y E U D T U A
M O B E L H O U T S K O O L
T S Z M I Q L N F G O M W K
R Z X S K I I T A F E L C L
P O T L O D E N V X D H G E
K O I U T N I N K A C Y F U
R C R E A T I V I T E I T R
P A P I E R N C C I C V S E
L G C L F Q C A M E R A T N
N B O R S T E L S M L T O O
P I E D Y T V N N I V S E M
N U M X I L V Z T Q C Y L P
```

ACRYL   OLIE
POTLODEN   PAPIER
BORSTELS   GOM
KLEUREN   EZEL
HOUTSKOOL   STOEL
IDEEËN   TAFEL
CAMERA   INKT
CREATIVITEIT   KLEI
LIJM   WATER

76 - Tage und Monate

```
V K D U Z L W O E N S D A G
R F J P O F Y O R O G A R Y
I E G G N Q M G K V N D W S
J B W L D S E P T E M B E R
D R D Q A C G V Y M A Q A O
A U N Y G N R M F B A W J K
G A U G U S T U S E N E A T
M R J U N I T T L R D E N O
D I N S D A G U H J Z K U B
D E C E M B E R T A U O A E
S L Y Z A T E R D A G L R R
K A L E N D E R I R V P I W
D O N D E R D A G J I Z V F
Z Z T V U A M A A N D A G P
```

AUGUSTUS	KALENDER
DECEMBER	WOENSDAG
DINSDAG	MAAND
DONDERDAG	MAANDAG
FEBRUARI	NOVEMBER
VRIJDAG	OKTOBER
JAAR	ZATERDAG
JANUARI	SEPTEMBER
JULI	ZONDAG
JUNI	WEEK

77 - Piraten

```
S V K S Y N B W K B H H S S
T N I K B O I R A E S L C L
R H G R O T L F V I P E H E
A V O N T U U R V L A G A C
N C U A S A K R V A P E T H
D R D B F E A O Q N E N G T
E A O R W J A R M D G D E G
N T R E J O R I E P A E V L
Z B I M U N T E N Y A D A B
R W R Z R A N K E R I S A Y
U U A K A P I T E I N Y R K
T A M A L I T T E K E N G X
M K O B R B E M A N N I N G
Q M J I C D N T O F W R E Q
```

AVONTUUR	KOMPAS
ANKER	LEGENDE
BEMANNING	MUNTEN
VLAG	LITTEKEN
GEVAAR	PAPEGAAI
GOUD	RUM
GROT	SCHAT
EILAND	SLECHT
KAPITEIN	ZWAARD
KAART	STRAND

78 - Emotionen

```
U J M T S O X J E I O K S X
L Q I E Y P V R E U G D E B
X A L V M L D K V D I L H E
R O M R P U R A Z R U S T S
I P V E A C O L H K E G G C
V G E D T H E M I J M D I H
Z E R E H T F Y H E L W E A
W W R N I I H F R Y F Q U A
J O A V E N E U V L F D T M
W N S C E G I W F H O F E D
O D S R D L D I N H O U D N
E E I F M Q I D C B M J J C
D N N O M D A N K B A A R K
E Z G U J W A N G S T H L H
```

ANGST
OPGEWONDEN
BESCHAAMD
DANKBAAR
VREUGDE
VREDE
INHOUD
VERVELING
LIEFDE

OPLUCHTING
RUST
KALM
SYMPATHIE
DROEFHEID
VERRASSING
WOEDE
TEVREDEN

79 - Zu Füllen

```
E  P  E  W  X  P  R  P  Q  Y  R  P  Z  M
V  M  A  N  D  M  B  K  S  B  L  Q  A  M
N  J  M  B  V  F  K  K  M  A  E  V  K  A
D  D  N  E  L  E  D  N  V  A  R  K  A  P
I  C  K  K  R  Q  L  K  V  A  A  S  R  T
E  Q  L  K  A  O  P  O  T  R  U  O  T  W
N  B  M  E  E  B  A  F  P  B  D  O  O  S
B  X  Y  N  O  D  K  F  F  L  E  S  N  D
L  U  C  R  I  H  J  E  H  U  F  Y  A  K
A  C  Q  H  E  L  E  R  Q  K  R  A  T  J
D  W  V  Z  D  L  K  J  K  V  E  B  C  B
M  R  Z  W  R  V  G  L  A  D  E  U  Z  V
D  X  S  F  O  D  R  M  U  E  J  I  X  I
Y  P  L  E  B  I  P  E  P  H  J  S  H  W
```

BEKKEN	POT
DOOS	MAP
EMMER	PAKJE
VAT	BUIS
FLES	LADE
KARTON	DIENBLAD
KRAT	ZAK
KOFFER	ENVELOP
MAND	VAAS

80 - Surfen

```
J C L T N N B O S T P O B I
Z O G B A M R G C L T E E W
K A M P I O E N O E I V G E
R R E P F F A H A T A L I E
A C N L Z P O F C I Z A N R
C Z I E S T R A N D W L N R
H R G Z E C P E D D E L E N
T I T I B N H V J Z M J R G
B F E E H N O U F X M S S X
E X T R E E M E I A E T P G
W S N E L H E I D M N I R C
Z A T L E E T O C A E J A G
P O P U L A I R W A T L Y P
B M H W B Z B U J G O L F V
```

BEGINNER	RIF
ATLEET	SCHUIM
POPULAIR	ZWEMMEN
KAMPIOEN	PLEZIER
EXTREEM	SPRAY
SNELHEID	KRACHT
MAAG	STIJL
MENIGTE	STRAND
OCEAAN	GOLF
PEDDELEN	WEER

81 - Möbel

```
B S F Q M V N V Q R D L P Z
A V K P U U K P L A N K E N N
N N U D S Z E Z O G H U P D
K W O W D V T M Y V Z S S E
B O E K E N K A S T S S S K
U D F G K F G T P P W E P B
R H R A R T U R F I Q N I E
E A G E U G Z A U Q J A E D
A N A K S T T S T C P T G D
U G U G T S E H O C J X E E
S M R A O R O U N V F V L N
O A J B E U Q I I B E D A S
H T H G L Z D U R L I J M W
H G O R D I J N E N V L P C
```

BANK
BED
DEKBEDDEN
BOEKENKAST
FUTON
HANGMAT
KUSSEN
DRESSOIR
LAMP

MATRAS
PLANKEN
BUREAU
FAUTEUIL
SPIEGEL
STOEL
TAPIJT
GORDIJNEN

82 - Kräuterkunde

```
M A R O M A T I S C H M V S
I A D R O Z E M A R I J N A
E F R I X W V A U V C B Y F
G L Q J L A V E N D E L X F
E F D G O L H D K X Y O J R
I M X R C L E I U C R E Y A
C V O O R D E L I G O M V A
T U A E P C D I D R A G O N
I M L N E I Z L N V G A V D
J V J I K N O F L O O K T X
M N W Y N B A S I L I C U M
E M A K W A L I T E I T I J
H S M A A K I E Q S B Q N S
V E N K E L U R Q J Y Y J A
```

AROMATISCH   KNOFLOOK
BASILICUM   CULINAIR
BLOEM   LAVENDEL
DILLE   MARJOLEIN
DRAGON   KWALITEIT
VENKEL   ROZEMARIJN
TUIN   SAFFRAAN
SMAAK   TIJM
GROEN   VOORDELIG

83 - Tugenden #1

```
O N A F H A N K E L I J K G
S I X I G H I C F G U L O R
B S V A G L R X F B B A X A
B E I N T E L L I G E N T P
R E S C H O O N C P S A I P
W F H C A L E A I A L R P I
D I C U H U N Y Ë T I T C G
Q M J L L E P Z N I S I H J
P B U S L P I C T Ë S S A E
G O E D O B Z D R N E T R L
D X A Z F H G A E T N I M U
I M X G V L Q Q A N D E A V
P R A K T I S C H M M K N C
N I E U W S G I E R I G T M
```

BESCHEIDEN
CHARMANT
EFFICIËNT
BESLISSEND
PATIËNT
GUL
GOED
BEHULPZAAM

INTELLIGENT
GRAPPIG
ARTISTIEK
NIEUWSGIERIG
PRAKTISCH
SCHOON
ONAFHANKELIJK
WIJS

84 - Aktivitäten und Freizeit

```
E  S  Z  A  T  Q  Y  V  H  U  I  I  K  N
P  U  K  W  I  D  G  D  O  L  U  T  M  T
X  R  A  C  E  N  V  U  B  E  I  R  E  S
G  F  M  T  M  M  Q  I  B  S  T  E  S  C
D  E  P  I  G  K  M  K  Y  U  F  B  E  H
L  N  E  B  O  K  S  E  N  Y  W  I  A  I
O  I  R  V  L  T  E  N  N  I  S  G  W  L
T  U  E  N  F  I  Q  Y  R  Z  F  R  A  D
H  O  N  K  B  A  L  T  R  O  Y  N  N  E
B  A  S  K  E  T  B  A  L  E  F  B  D  R
O  N  T  S  P  A  N  N  E  N  I  V  E  I
V  O  L  L  E  Y  B  A  L  G  C  S  L  J
Z  J  Q  M  Z  K  U  N  S  T  F  D  E  H
H  E  N  G  E  L  S  P  O  R  T  N  N  R
```

HENGELSPORT	KUNST
HONKBAL	REIS
BASKETBAL	RACEN
BOKSEN	ZWEMMEN
KAMPEREN	SURFEN
ONTSPANNEN	DUIKEN
VOETBAL	TENNIS
SCHILDERIJ	VOLLEYBAL
GOLF	WANDELEN
HOBBY	

85 - Formen

```
R E C H T H O E K W Q S U C
T Y O V E E L H O E K B F I
J C B O L X Z R V Y Z I F R
O U O S S P I R A M I D E K
K R O N D E V D A K A N T E
V V G D V T I E L T S O W L
K E G E L A E P R I S M A R
N Y L W X D R I E H O E K J
V K X I M C K A G K U B U S
R R Y K J R A I N D I Y H R
E F C D H N N Q O D G Y V C
X D X A I O T V C D E M G Q
H S I F E Q E U B I G N T Z
C U Y Y M V G K R R Z D B F
```

BOOG	OVAAL
DRIEHOEK	VEELHOEK
HOEK	PRISMA
RANDEN	PIRAMIDE
KEGEL	VIERKANT
CIRKEL	RECHTHOEK
BOL	RONDE
CURVE	KANT
LIJN	KUBUS

86 - Adjektive #2

```
P I N T E R E S S A N T N A
D R F E L E G A N T O P T U
R I O H E Z R J C D R I O T
A A E D S T O W L X M T L H
M S J N U I B U Z Z A T U E
A T F G J C S A T A A I W N
T R T K G H T U A Q L G I T
I O V R T L E I W R C Y L I
S T G U D Z R G E Z O N D E
C S B D S I K V Y F I X N K
H K B E R O E M D W S Q I N
H O N G E R I G M Z G J E Q
B E S C H R I J V E N D U K
V E R S C R E A T I E F W C
```

AUTHENTIEK   CREATIEF
BEROEMD   NIEUW
BESCHRIJVEND   NORMAAL
DRAMATISCH   PRODUCTIEF
ELEGANT   ZOUT
EETBAAR   STERK
VERS   TROTS
GEZOND   WILD
HONGERIG   PITTIG
INTERESSANT

87 - Kleidung

```
N A S U N I P M S B T H T W
M R J U R K Y S O H J D G S
E M A D F Q J C Q D I B T I
V B A J A S A H T J E R X E
H A L N X C M O F D B O T R
O N H C E H A R T I P E H A
E D V G G O N T W R T K B D
D X K M O E R R B I U A L E
W Z M Z E N I O M E J I O N
K E T T I N G K J M G W U Q
H A N D S C H O E N E N S E
L J A S J E G A A G U T E O
V I A Y E S K Q N E F D K C
H F W S V V Q A S C U G Z L
```

ARMBAND   JURK
BLOUSE   JAS
RIEM   MODE
KETTING   TRUI
HANDSCHOENEN   ROK
SHIRT   SJAAL
BROEK   PYJAMA
HOED   SIERADEN
JASJE   SCHOEN
JEANS   SCHORT

88 - Sommer

```
V N E B D V R I J E T I J D
A F B Q O U R H Q N E U A B
K L P O I R I M P V U Z I F
A N R C I Y P K D S F W I N
N K S O V T V V E J Z E E M
T F U G R S T R A N D M G F
I I Q M K K P I E M C M R A
E S Y E G A M E S U H E L M
N T Y S B M V N H Z G N B I
F N Z V C P O D H I A D O L
S T E R R E N E G E A H E I
R E I S H R I N B K F E K E
C F O V O E D S E L A B E V
K E A S A N D A L E N C N A
```

BOEKEN	MUZIEK
KAMPEREN	REIS
VOEDSEL	SANDALEN
FAMILIE	ZWEMMEN
VRIJE TIJD	GAMES
VREUGDE	STERREN
VRIENDEN	STRAND
TUIN	DUIKEN
ZEE	VAKANTIE

89 - Farben

```
Z R P D R Z H A E M G M L U
A O J C I H F Z W A R T P Y
Y O B P V C U U R G Q H O S
P D C C J A C U S E M P U Y
E P A A R S H R D N G E E L
C Y A A N F S E M T F J C S
G F R I N D I G O A Y F W X
Z M U O M V A N N F O K E G
Y Q K R Z S G R I J S J J W
N U R A B E I G E B G T Y E
G Y Y N L P T W R B R E P F
V K G J A I C S D O F U U V
Q T K E U A Z T P F E A I I
N A S K W I T E F C G N H N
```

AZUUR	PAARS
BEIGE	MAGENTA
BLAUW	ORANJE
BRUIN	ROZE
FUCHSIA	ROOD
GEEL	ZWART
GRIJS	SEPIA
GROEN	WIT
INDIGO	CYAAN

90 - Haus

```
R B E Z E M O N H E H V Y S
A V I K E U K E N A L P K C
A Z Q B G A R A G E A S B H
M U U R L D A K A U F R P O
Q S U B R I T U I N J C D O
P L S I U Z O L D E R H E R
L A M P B F A T T P N E U S
K A I G I N R Z H U V K R T
A P E C R E P E O E Z I C E
M K G L T G G M F P E L V E
E A I C E W J E P V S K S N
R M D O U C H E L B F G P Q
G E F D R M E U B I L A I R
Q R P L A F O N D B F O M G
```

BEZEM	KEUKEN
BIBLIOTHEEK	LAMP
DAK	MEUBILAIR
ZOLDER	SLAAPKAMER
PLAFOND	SCHOORSTEEN
DOUCHE	SPIEGEL
RAAM	DEUR
GARAGE	MUUR
TUIN	HEK
HAARD	KAMER

91 - Bauernhof #1

```
M N Y M C G R Z O R P T A L
E J N E Z E L Z R E T R Z A
S T U S G O Z W Q M O W I N
T W A T E R Y R K W O H O D
X L A A I A X Q H C U O R B
S A O U T C W P E N W O G O
Z N U P V K I P S X R I X U
P B I L A N D H O N I N G W
K A L F R A T O K U J S I W
F D T W K O R N R A S B R U
M Y T H E K W D A V T H I R
F G X S N K Y P A E W L P J
B Q C I G S M Z I L H D Q E
K K B U R Y G H G D K O E F
```

BIJ	KRAAI
MEST	KOE
EZEL	LAND
VELD	LANDBOUW
HOOI	PAARD
HONING	RIJST
KIP	VARKEN
HOND	WATER
KALF	HEK
KAT	GEIT

92 - Berufe #1

```
D A N S E R X J J A G E R V
D O K T E R B U U D B R A E
L G I I S Y U W L V Q C M R
A O O X J Y G E A O U A B P
R P O I S M C L E C K R A L
T S J D M U Z I K A N T S E
I V O G G P X E B A M O S E
E B A N K I E R Z T O G A G
S S M R I A E S V P N R D S
T E Z P E N W T T I T A E T
E Z A E N I B J E Z E A U E
B R V R G S P N E R U F R R
T U D F R T H S H H R S A X
P S Y C H O L O O G U X Z B
```

DOKTER
BANKIER
AMBASSADEUR
JAGER
JUWELIER
CARTOGRAAF
LOODGIETER
VERPLEEGSTER

ARTIEST
MONTEUR
MUZIKANT
PIANIST
PSYCHOLOOG
ADVOCAAT
DANSER

93 - Adjektive #1

```
A A R T I S T I E K E B C A
R G W W D U N H Y E N G S B
O X M T E P Z T P E O L H S
M O D E R N W E W R R G J O
A L A N G Z A A M L M Q L L
T V I V E I A R M I R R D U
I P D I E P R Q G J P L N U
S U E H T G E L U K K I G T
C O N R W A A R D E V O L O
H H T Y F M O O I O F E A H
A V I X J E K Y L C N Q S G
M J E E M A C T I E F K S X
S E K U W U K T J U O X E T
A A N T R E K K E L I J K R
```

ABSOLUUT
ACTIEF
AROMATISCH
AANTREKKELIJK
DONKER
DUN
EERLIJK
GELUKKIG
IDENTIEK

ARTISTIEK
LANGZAAM
MODERN
PERFECT
ENORM
MOOI
ZWAAR
DIEP
WAARDEVOL

94 - Mathematik

```
V E R G E L I J K I N G H G
X V I E R K A N T C Z V A H
G H D R K G E O M E T R I E
D V F S D E C I M A A L F X
D V E X P O N E N T R R R F
I R E R T R U K D E L L A R
A X I E G X L U U B O L C E
M D M E L H X S F N O X T C
E W P B H H F S N V D X I H
T C J R K O O E N O R I E T
E S W Q D N E E E L E K G H
R O M T R E K K K U C S L O
D M S T R A A L C M H Z L E
P A R A L L E L F E T F F K
```

REKENKUNDIG
FRACTIE
DECIMAAL
DRIEHOEK
DIAMETER
EXPONENT
GEOMETRIE
VERGELIJKING
BOL

PARALLEL
VEELHOEK
VIERKANT
STRAAL
RECHTHOEK
LOODRECHT
SOM
OMTREK
VOLUME

95 - Messungen

```
O N S K I L O G R A M G I D
C E N T I M E T E R A R G E
A P L O K L V N Y B S A B C
R Q G N L H O Z G Y S A R I
L J I N C H L M G T A D E M
A I A L E D U I E E P E A
T I T F M G M N W T D V D A
Y D I E P T E U I H E J T L
M X Y G R A M U C N D R E O
Y Z P Y Q H E T H O O G T E
S Q V P Y E B G T O G X D Q
J U U I T A Z V P U S H K R
T J Z L P L X K M B V M U C
V G M E T E R P Q Y S Z E I
```

BREEDTE	LITER
BYTE	MASSA
DECIMAAL	METER
GEWICHT	MINUUT
GRAAD	DIEPTE
GRAM	TON
HOOGTE	ONS
KILOGRAM	VOLUME
KILOMETER	CENTIMETER
LENGTE	INCH

96 - Schlösser

```
D V E I E B O S R S H R P C
W M D Y N A S T I E A I J O
A W E E A H V O D P R J N U
P S L N J P E R D H N K R D
G G E A Q Z K E E P A O E W
F E O D A A L N R R S C E E
O F K O N I N K R I J K N G
R N W L Z L D Q S N T R H Q
T M G I B P R I N S F L O C
Y K U Z W A A R D E P F O O
E U E U L L A A A S Z Q R R
U T T G R E K K R O O N N I
Y F S C H I L D W D Y U K Y
K I G A Y S K A T A P U L T
```

DRAAK	PAARD
DYNASTIE	PRINS
EDELE	PRINSES
EENHOORN	RIJK
FORT	RIDDER
FEODAAL	HARNAS
KATAPULT	SCHILD
KONINKRIJK	ZWAARD
KROON	TOREN
PALEIS	MUUR

97 - Bauernhof #2

```
L S F R U I T B T H L K Y L
Q C I R I B O O M G A A R D
Z H D T R A C T O R F Q J B
K U L X R W I N D M O L E N
W U D V I E S T O L A M A A
T R L U G E X C P A F B B W
Z A X A A N T M H M Z L I Z
G E R S T D P F N A K P J I
E F M W I S Q W H E A P E O
I K B Q E J L M E L K P N M
G R O E N T E G R I E U K A
L M E X T L Z Q D O D I O Ï
R A R I J P C B E U J E R S
Z P Y B Z L W Z R E B E F F
```

BOER	MELK
IRRIGATIE	BOOMGAARD
BIJENKORF	RIJP
EEND	SCHAAP
FRUIT	HERDER
GROENTE	SCHUUR
GERST	TRACTOR
LAMA	TARWE
LAM	WEIDE
MAÏS	WINDMOLEN

98 - Berufe #2

```
I L L U S T R A T O R W D D
B H I D S C H I L D E R E L
P I P W F A H L N N W X T O
O S O S B R H I H J J F E P
L N V L S T P N R T O O C I
I D D A O S Y G E U U T T L
T F S E G O D U V I R O I O
I K I U R L G Ï M N N G V O
C Y W Q M Z D S R M A R E T
U Z K Y E E O T Y A L A D K
S L E R A A R E J N I A T L
F I L O S O O F K G S F V E
U I T V I N D E R E T X I G
I N G E N I E U R N R D E K
```

ARTS
BIOLOOG
CHIRURG
DETECTIVE
UITVINDER
ONDERZOEKER
FOTOGRAAF
TUINMAN
ILLUSTRATOR

INGENIEUR
JOURNALIST
LERAAR
LINGUÏST
SCHILDER
FILOSOOF
PILOOT
POLITICUS

99 - Erforschung

```
T  U  I  T  P  U  T  T  I  N  G  Z  K  A
D  A  W  V  M  H  R  C  S  H  Z  A  G  C
I  L  A  Z  B  R  D  B  B  V  O  W  E  T
S  L  H  L  B  E  P  A  L  I  N  G  V  I
O  H  H  T  W  I  B  M  C  K  B  E  A  V
R  N  W  O  I  S  K  O  U  R  E  V  R  I
S  I  T  I  L  A  W  P  L  L  K  A  E  T
R  R  P  D  D  D  I  W  T  E  E  A  N  E
U  I  G  L  E  T  T  I  U  I  N  R  I  I
I  T  H  V  X  K  I  N  R  U  D  L  E  T
M  M  O  E  D  Y  K  D  E  K  U  I  U  N
T  E  R  R  E  I  N  I  N  F  N  J  W  Y
E  D  I  E  R  E  N  N  N  W  M  K  T  I
R  Z  M  M  M  R  N  G  O  G  J  B  A  H
```

ACTIVITEIT	LEREN
OPWINDING	MOED
ONTDEKKING	NIEUW
BEPALING	RUIMTE
UITPUTTING	REIS
VER	TAAL
GEVAREN	DIEREN
GEVAARLIJK	ONBEKEND
TERREIN	WILD
CULTUREN	

100 - Wetter

```
D  I  K  I  I  R  B  Q  L  J  Q  V  S  M
T  G  N  B  J  D  R  O  O  G  T  E  T  O
I  E  Y  G  S  W  I  I  U  S  R  H  O  E
N  Z  M  I  S  T  E  J  V  A  Z  E  R  S
V  I  C  P  D  Y  S  P  H  U  X  S  M  S
D  O  N  D  E  R  W  O  L  K  T  C  U  O
B  T  D  T  O  R  N  A  D  O  X  L  X  N
M  L  R  B  L  X  A  O  R  K  A  A  N  R
T  E  I  O  Z  T  A  T  U  R  W  I  N  D
R  V  Q  K  P  J  G  F  U  A  S  Y  S  F
B  Y  J  S  S  I  L  H  L  U  X  H  K  Z
H  E  M  E  L  E  S  Y  S  D  R  O  O  G
P  O  L  A  I  R  M  C  E  K  J  C  F  O
K  L  I  M  A  A  T  F  H  M  W  P  G  R
```

BLIKSEM	MIST
BRIES	POLAIR
DONDER	STORM
DROOGTE	TEMPERATUUR
IJS	TORNADO
HEMEL	DROOG
ORKAAN	TROPISCH
KLIMAAT	WIND
MOESSON	WOLK

1 - Ozean

2 - Schule #1

3 - Meditation

4 - Meisterschaft

5 - Insekten

6 - Dinosaurier

7 - Obst

8 - Schule #2

9 - Spielzeuge

10 - Komödie

11 - Camping

12 - Zeit

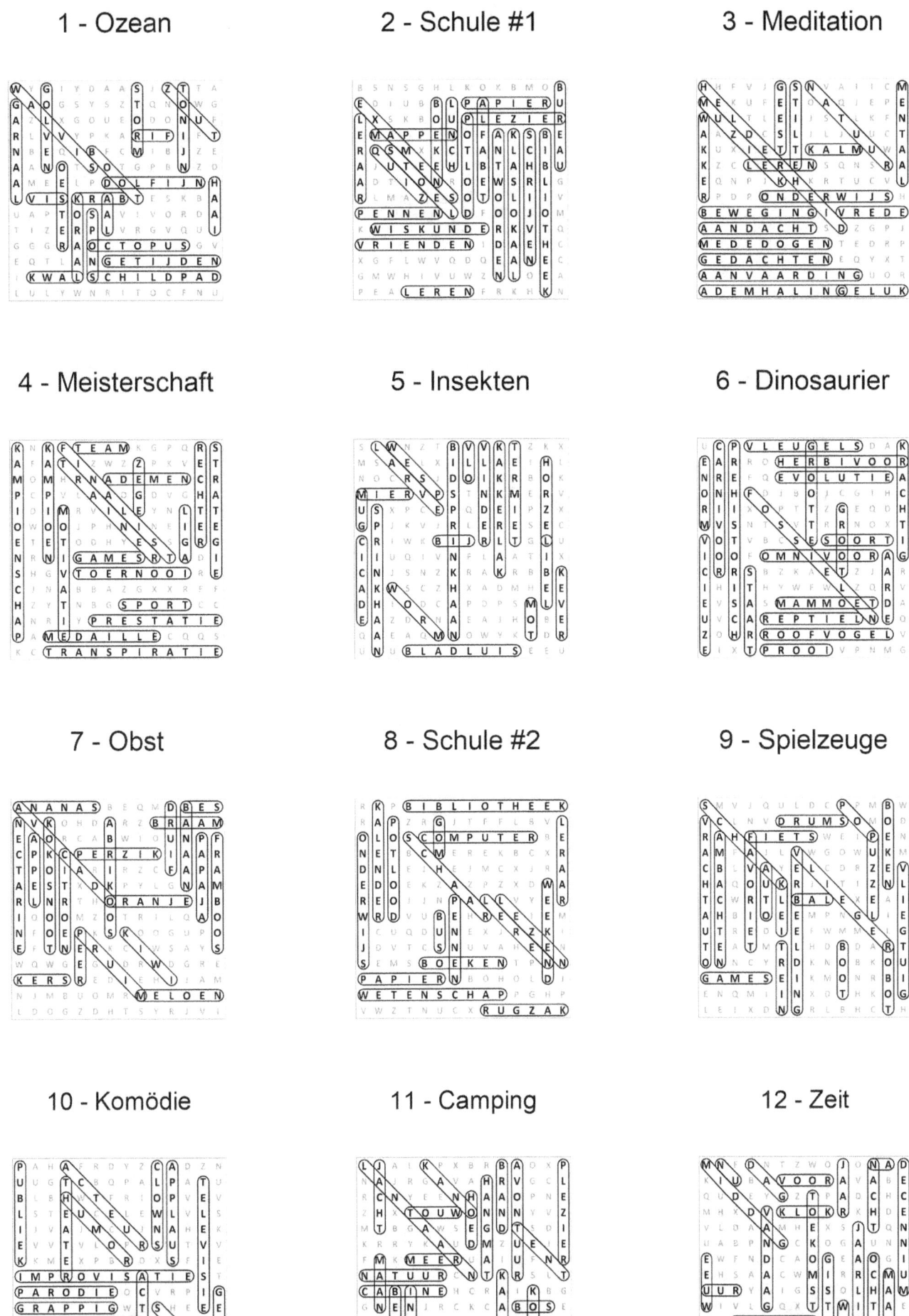

13 - Säugetiere

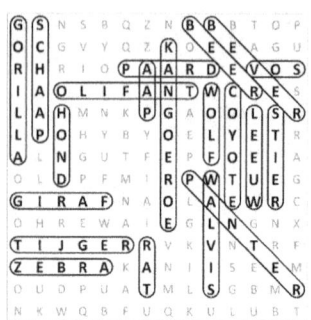

14 - Astronomie

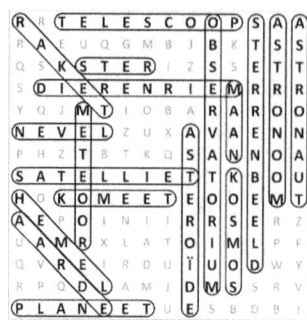

15 - Ballett

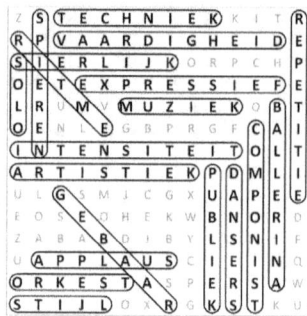

16 - Strand

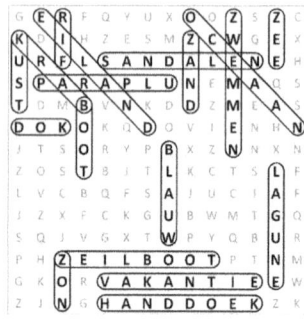

17 - Restaurant #1

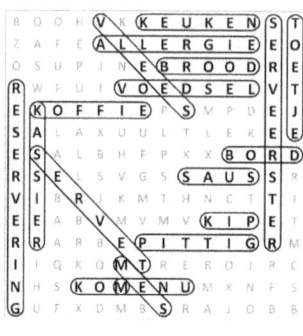

18 - Geologie

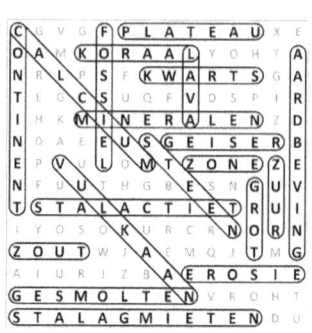

19 - Wissenschaft

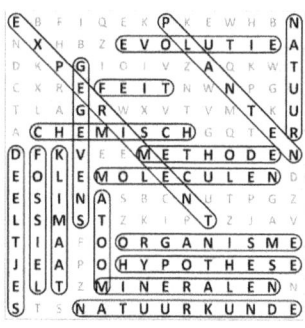

20 - Bildende Kunst

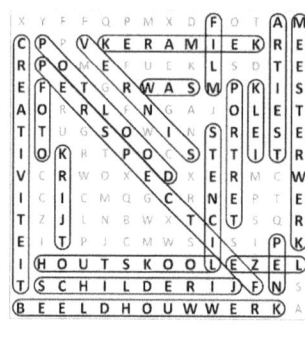

21 - Sport

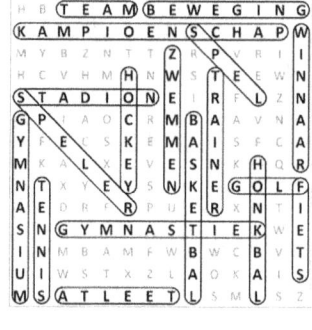

22 - Mythologie

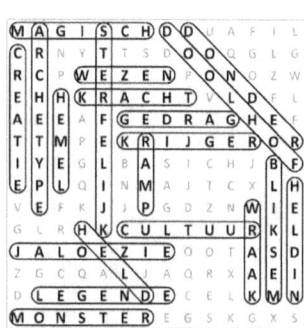

23 - Restaurant #2

24 - Ökologie

25 - Schokolade

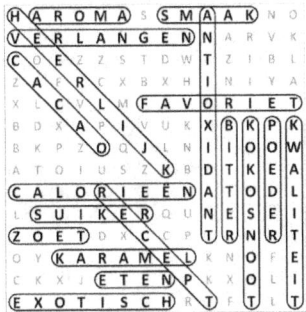

26 - Boote

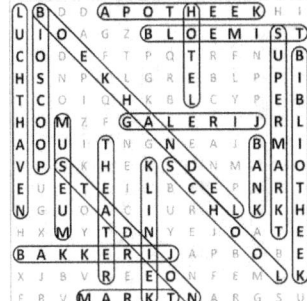

27 - Stadt

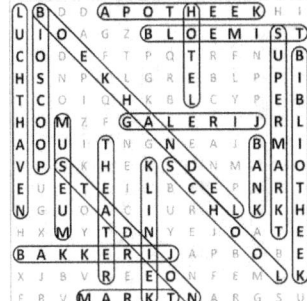

28 - Aktivitäten

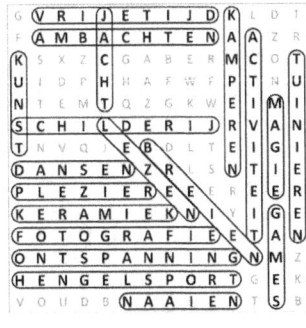

29 - Bienen

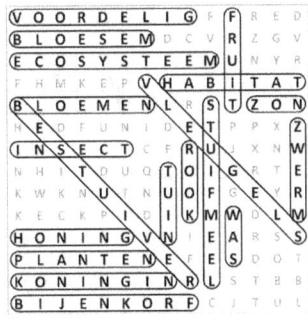

30 - Wissenschaftliche

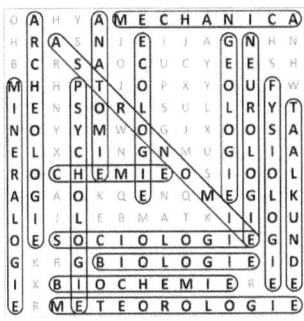

31 - Vögel

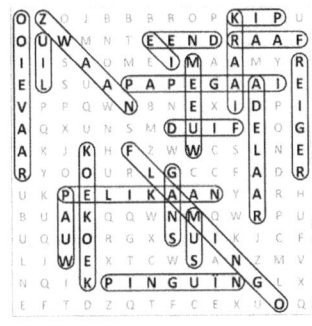

32 - Garten

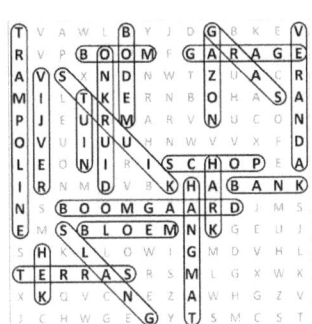

33 - Antarktis

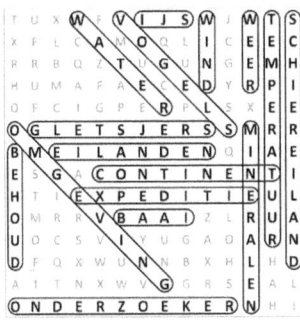

34 - Fahren

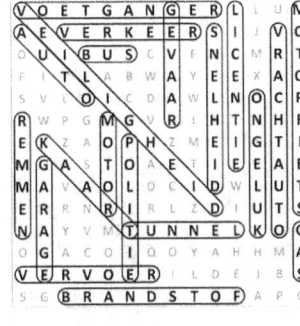

35 - Bücher

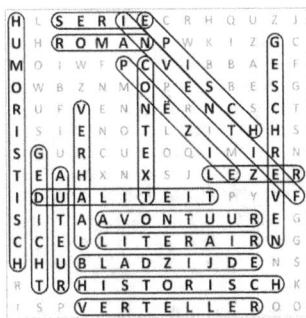

36 - Menschlicher Körper

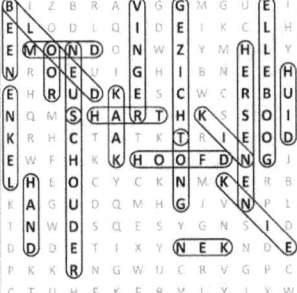

37 - Klettern

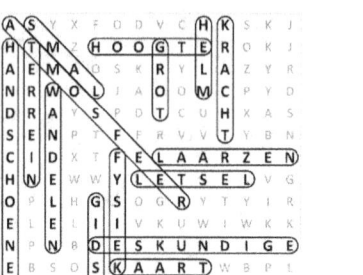

38 - Landschaften

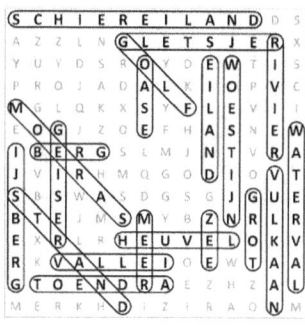

39 - Abenteuer

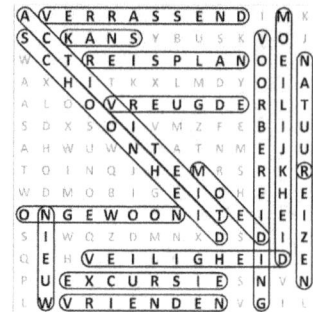

40 - Flugzeuge

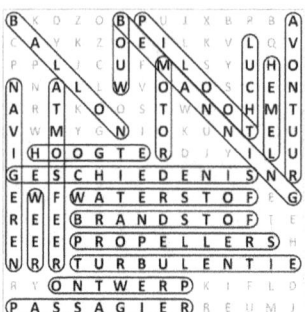

41 - Haartypen

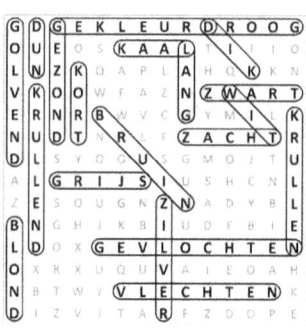

42 - Essen #1

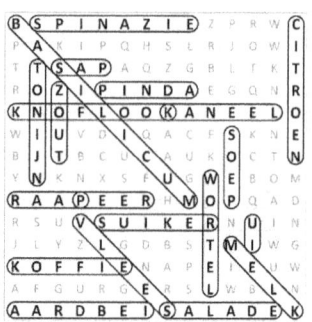

43 - Gebäude

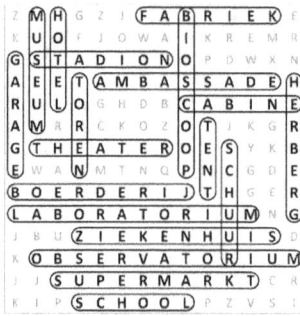

44 - Angeln

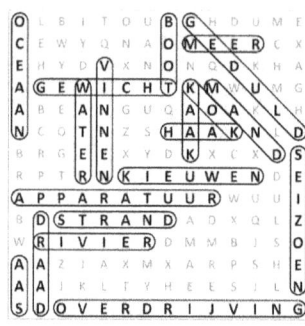

45 - Regenwald

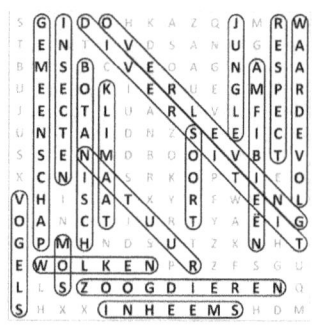

46 - Essen #2

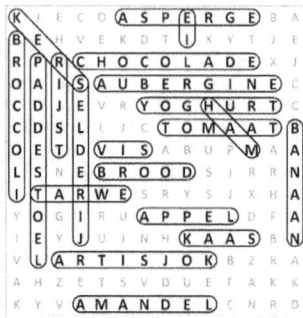

47 - Familie

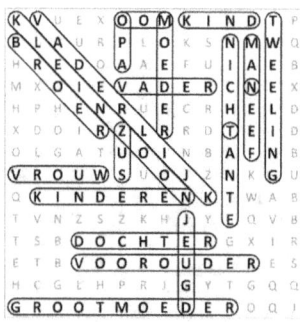

48 - Pflanzen

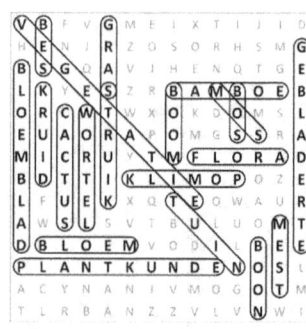

49 - Kunst

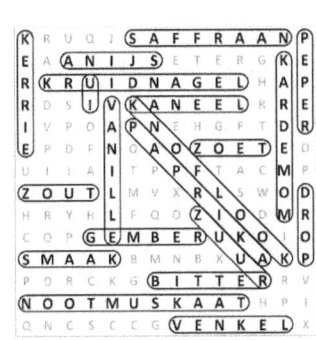

50 - Gewürze

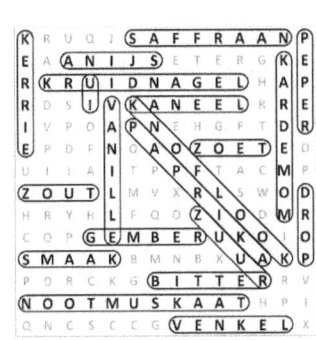

51 - Gemüse

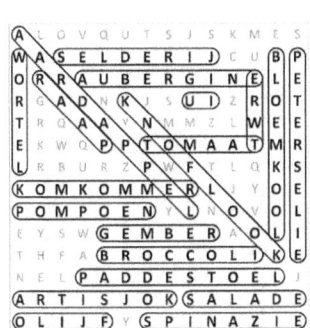

52 - Katzen

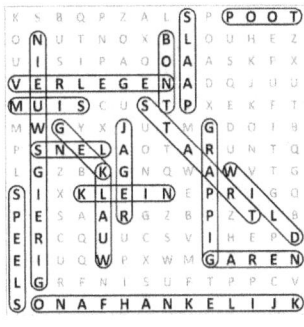

53 - Tanzen

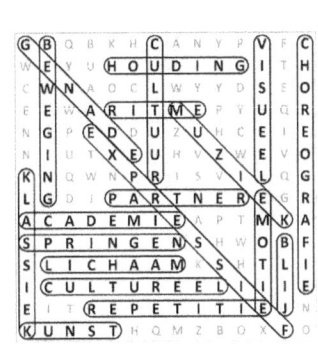

54 - Ernährung

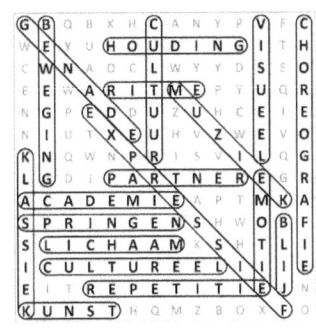

55 - Technologie

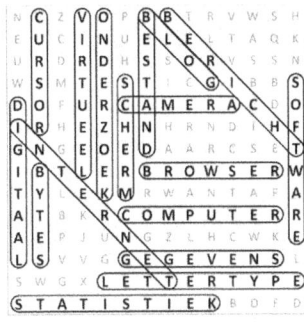

56 - Wasser

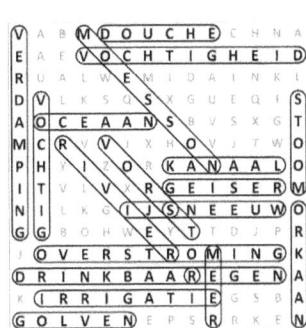

57 - Science Fiction

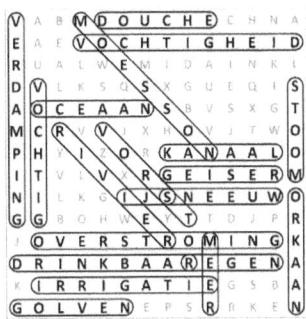

58 - Haustiere

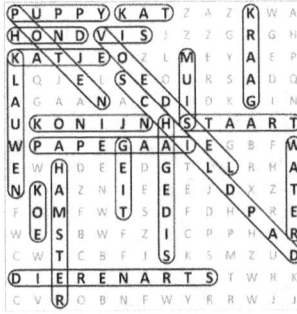

59 - Geburtstag

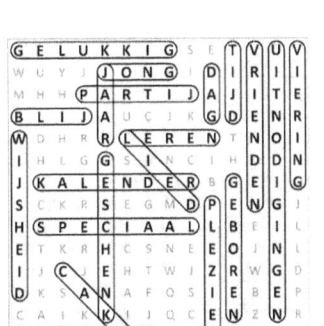

60 - Literatur

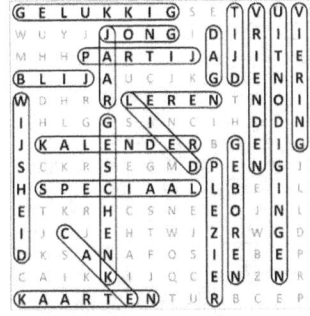

61 - Wandern

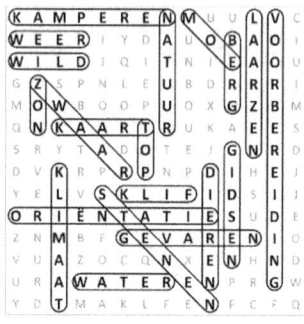

62 - Länder #2

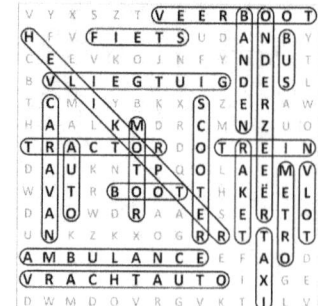

63 - Fahrzeuge

64 - Musikinstrumente

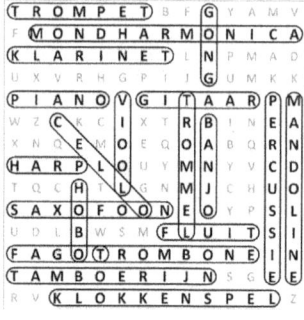

65 - Blumen

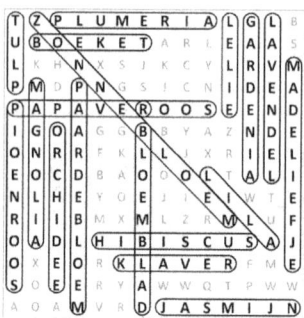

66 - Natur

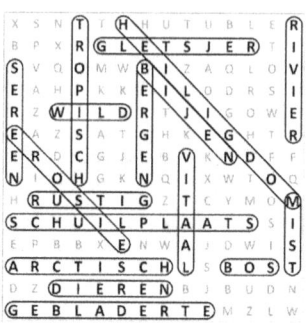

67 - Urlaub #2

68 - Zirkus

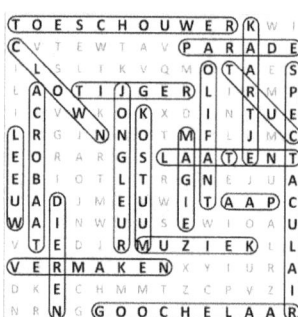

69 - Barbecues

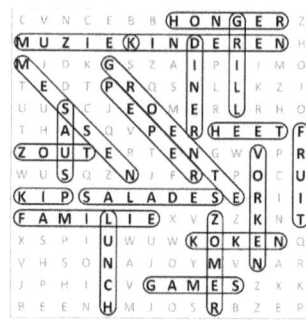

70 - Küche

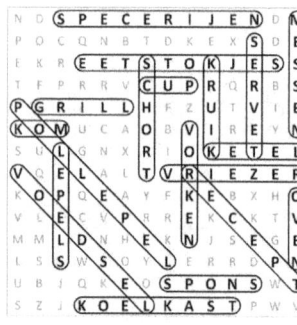

71 - Schach

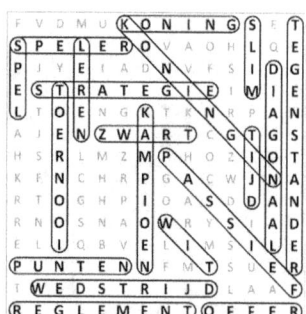

72 - Erhaltung

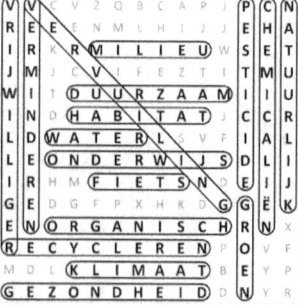

73 - Geographie

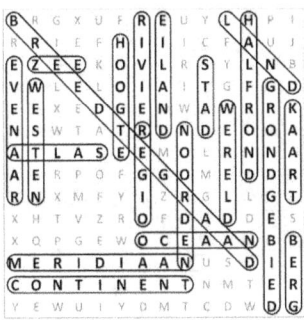

74 - Zahlen

75 - Kunst Liefert

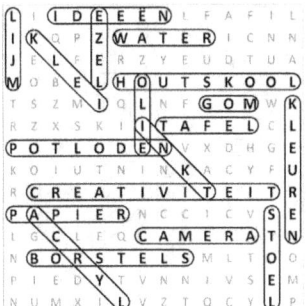

76 - Tage und Monate

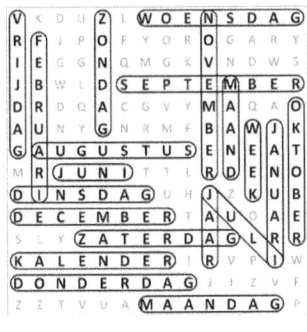

77 - Piraten

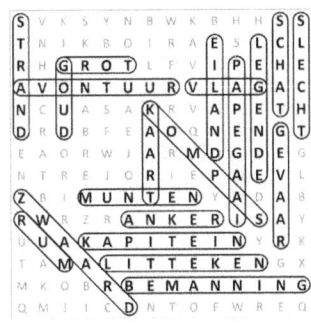

78 - Emotionen

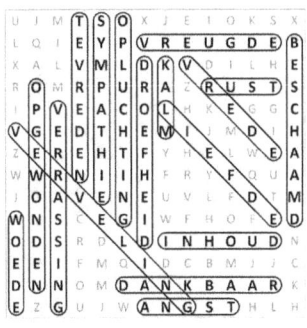

79 - Zu Füllen

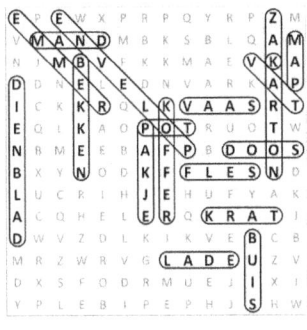

80 - Surfen

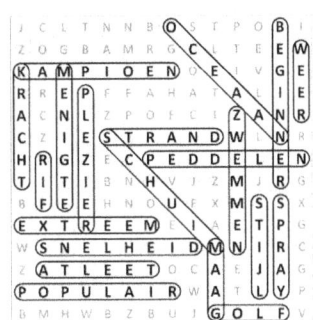

81 - Möbel

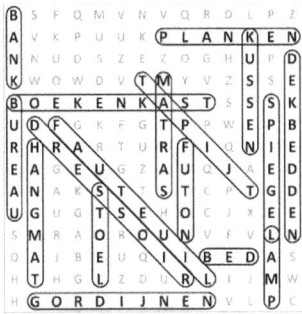

82 - Kräuterkunde

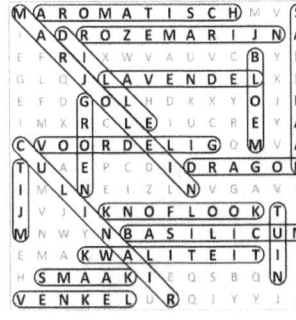

83 - Tugenden #1

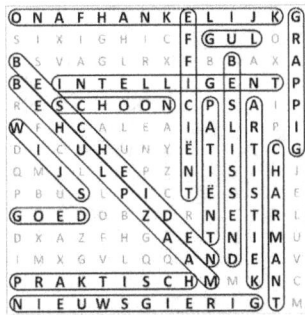

84 - Aktivitäten und Freizeit

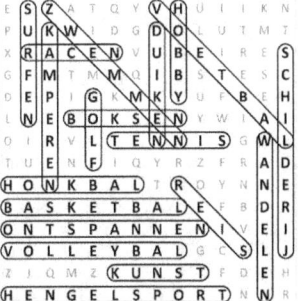

85 - Formen

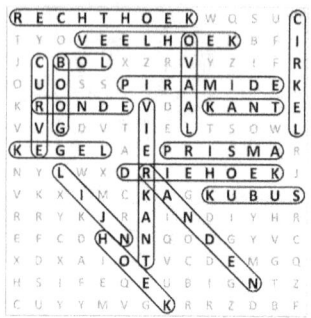

86 - Adjektive #2

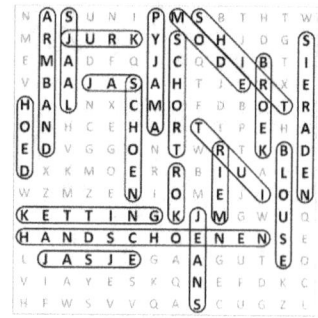

87 - Kleidung

88 - Sommer

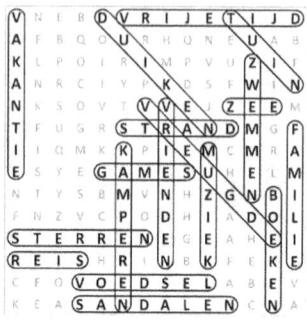

89 - Farben

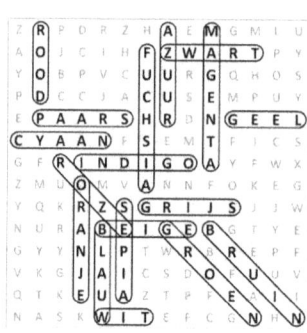

90 - Haus

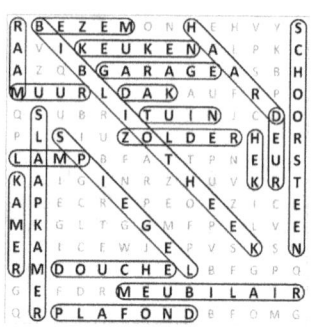

91 - Bauernhof #1

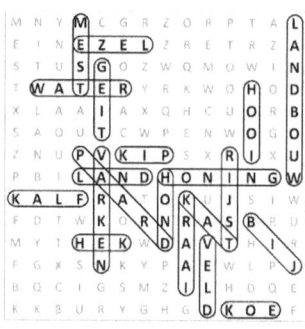

92 - Berufe #1

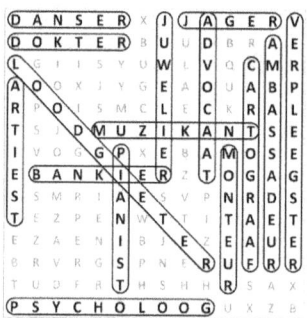

93 - Adjektive #1

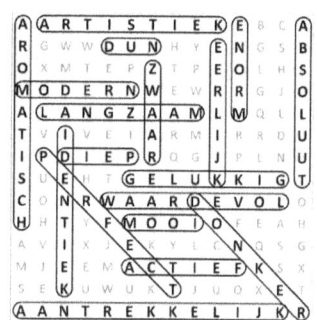

94 - Mathematik

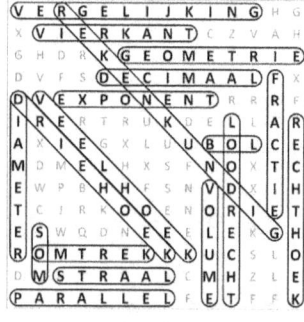

95 - Messungen

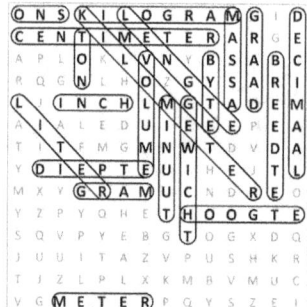

96 - Schlösser

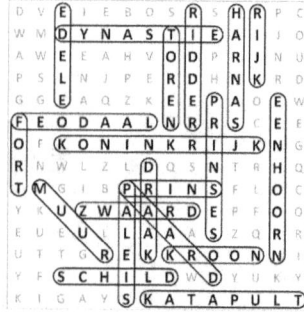

97 - Bauernhof #2

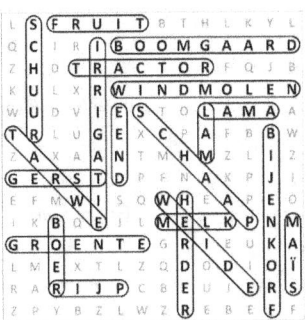

98 - Berufe #2

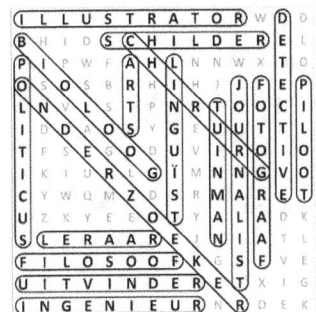

99 - Erforschung

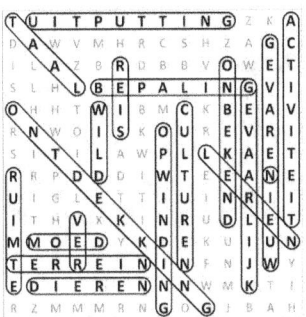

100 - Wetter

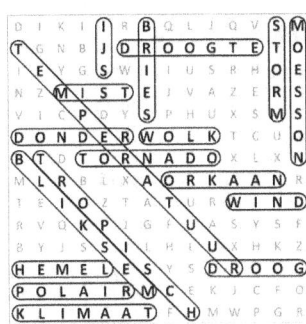

Wörterbuch

Abenteuer
Avontuur

Aktivität	Activiteit
Ausflug	Excursie
Begeisterung	Enthousiasme
Chance	Kans
Freude	Vreugde
Freunde	Vrienden
Gefährlich	Gevaarlijk
Natur	Natuur
Navigation	Navigatie
Neu	Nieuw
Reisen	Reizen
Route	Reisplan
Schönheit	Schoonheid
Schwierigkeit	Moeilijkheid
Sicherheit	Veiligheid
Tapferkeit	Moed
Ungewöhnlich	Ongewoon
Überraschend	Verrassend
Vorbereitung	Voorbereiding
Ziel	Bestemming

Adjektive #1
Bijvoeglijke Naamwoorden

Absolut	Absoluut
Aktiv	Actief
Aromatisch	Aromatisch
Attraktiv	Aantrekkelijk
Dunkel	Donker
Dünn	Dun
Ehrlich	Eerlijk
Glücklich	Gelukkig
Identisch	Identiek
Künstlerisch	Artistiek
Langsam	Langzaam
Modern	Modern
Perfekt	Perfect
Riesig	Enorm
Schön	Mooi
Schwer	Zwaar
Tief	Diep
Unschuldig	Onschuldig
Wertvoll	Waardevol
Wichtig	Belangrijk

Adjektive #2
Bijvoeglijke Naamwoorden

Authentisch	Authentiek
Berühmt	Beroemd
Beschreibend	Beschrijvend
Dramatisch	Dramatisch
Elegant	Elegant
Essbar	Eetbaar
Frisch	Vers
Gesund	Gezond
Hungrig	Hongerig
Interessant	Interessant
Kreativ	Creatief
Natürlich	Natuurlijk
Neu	Nieuw
Normal	Normaal
Produktiv	Productief
Salzig	Zout
Stark	Sterk
Stolz	Trots
Wild	Wild
Würzig	Pittig

Aktivitäten
Activiteiten

Aktivität	Activiteit
Angeln	Hengelsport
Camping	Kamperen
Entspannung	Ontspanning
Fotografie	Fotografie
Freizeit	Vrije Tijd
Gartenarbeit	Tuinieren
Gemälde	Schilderij
Jagd	Jacht
Keramik	Keramiek
Kunst	Kunst
Kunsthandwerk	Ambachten
Lesen	Lezen
Magie	Magie
Nähen	Naaien
Spiele	Games
Stricken	Breien
Tanzen	Dansen
Vergnügen	Plezier
Wandern	Wandelen

Aktivitäten und Freizeit
Activiteiten en Vrije Ti

Angeln	Hengelsport
Baseball	Honkbal
Basketball	Basketbal
Boxen	Boksen
Camping	Kamperen
Entspannend	Ontspannen
Fussball	Voetbal
Gartenarbeit	Tuinieren
Gemälde	Schilderij
Golf	Golf
Hobbies	Hobby
Kunst	Kunst
Reise	Reis
Rennen	Racen
Schwimmen	Zwemmen
Surfen	Surfen
Tauchen	Duiken
Tennis	Tennis
Volleyball	Volleybal
Wandern	Wandelen

Angeln
Vissen

Ausrüstung	Apparatuur
Boot	Boot
Draht	Draad
Flossen	Vinnen
Fluss	Rivier
Geduld	Geduld
Gewicht	Gewicht
Haken	Haak
Jahreszeit	Seizoen
Kiefer	Kaak
Kiemen	Kieuwen
Kochen	Kok
Korb	Mand
Köder	Aas
Ozean	Oceaan
See	Meer
Strand	Strand
Übertreibung	Overdrijving
Wasser	Water

Antarktis
Antarctica

Bucht	Baai
Eis	Ijs
Erhaltung	Behoud
Expedition	Expeditie
Felsig	Rotsachtig
Forscher	Onderzoeker
Geographie	Geografie
Gletscher	Gletsjers
Halbinsel	Schiereiland
Inseln	Eilanden
Kontinent	Continent
Migration	Migratie
Mineralien	Mineralen
Temperatur	Temperatuur
Topographie	Topografie
Umwelt	Omgeving
Vögel	Vogels
Wasser	Water
Wetter	Weer
Wind	Wind

Astronomie
Astronomie

Asteroid	Asteroïde
Astronaut	Astronaut
Astronom	Astronoom
Erde	Aarde
Himmel	Hemel
Komet	Komeet
Konstellation	Sterrenbeeld
Kosmos	Kosmos
Meteor	Meteoor
Mond	Maan
Nebel	Nevel
Observatorium	Observatorium
Planet	Planeet
Rakete	Raket
Satellit	Satelliet
Stern	Ster
Supernova	Supernova
Teleskop	Telescoop
Tierkreis	Dierenriem
Universum	Universum

Ballett
Ballet

Anmutig	Sierlijk
Applaus	Applaus
Ausdrucksvoll	Expressief
Ballerina	Ballerina
Choreographie	Choreografie
Fähigkeit	Vaardigheid
Geste	Gebaar
Intensität	Intensiteit
Komponist	Componist
Künstlerisch	Artistiek
Musik	Muziek
Muskel	Spieren
Orchester	Orkest
Probe	Repetitie
Publikum	Publiek
Rhythmus	Ritme
Solo	Solo
Stil	Stijl
Tänzer	Dansers
Technik	Techniek

Barbecues
Barbecues

Abendessen	Diner
Familie	Familie
Frucht	Fruit
Gabeln	Vorken
Gemüse	Groente
Grill	Grill
Heiss	Heet
Huhn	Kip
Hunger	Honger
Kinder	Kinderen
Kochen	Koken
Messer	Messen
Mittagessen	Lunch
Musik	Muziek
Pfeffer	Peper
Salate	Salades
Salz	Zout
Sommer	Zomer
Sosse	Saus
Spiele	Games

Bauernhof #1
Boerderij #1

Biene	Bij
Dünger	Mest
Esel	Ezel
Feld	Veld
Heu	Hooi
Honig	Honing
Huhn	Kip
Hund	Hond
Kalb	Kalf
Katze	Kat
Krähe	Kraai
Kuh	Koe
Land	Land
Landwirtschaft	Landbouw
Pferd	Paard
Reis	Rijst
Schwein	Varken
Wasser	Water
Zaun	Hek
Ziege	Geit

Bauernhof #2
Boerderij #2

Bauer	Boer
Bewässerung	Irrigatie
Bienenstock	Bijenkorf
Ente	Eend
Frucht	Fruit
Gemüse	Groente
Gerste	Gerst
Lama	Lama
Lamm	Lam
Mais	Maïs
Milch	Melk
Obstgarten	Boomgaard
Reif	Rijp
Schaf	Schaap
Schäfer	Herder
Scheune	Schuur
Traktor	Tractor
Weizen	Tarwe
Wiese	Weide
Windmühle	Windmolen

Berufe #1
Beroepen #1

Arzt	Dokter
Astronom	Astronoom
Bankier	Bankier
Botschafter	Ambassadeur
Buchhalter	Accountant
Geologe	Geoloog
Jäger	Jager
Juwelier	Juwelier
Kartograph	Cartograaf
Klempner	Loodgieter
Krankenschwester	Verpleegster
Künstler	Artiest
Mechaniker	Monteur
Musiker	Muzikant
Pianist	Pianist
Psychologe	Psycholoog
Rechtsanwalt	Advocaat
Tänzer	Danser
Tierarzt	Dierenarts
Trainer	Trainer

Berufe #2
Beroepen #2

Arzt	Arts
Astronaut	Astronaut
Biologe	Bioloog
Chirurg	Chirurg
Detektiv	Detective
Erfinder	Uitvinder
Forscher	Onderzoeker
Fotograf	Fotograaf
Gärtner	Tuinman
Illustrator	Illustrator
Ingenieur	Ingenieur
Journalist	Journalist
Lehrer	Leraar
Linguist	Linguïst
Maler	Schilder
Philosoph	Filosoof
Pilot	Piloot
Politiker	Politicus
Zahnarzt	Tandarts
Zoologe	Zoöloog

Bienen
Bijen

Bestäuber	Bestuiver
Bienenkorb	Bijenkorf
Blumen	Bloemen
Blüte	Bloesem
Flügel	Vleugels
Frucht	Fruit
Garten	Tuin
Honig	Honing
Insekt	Insect
Königin	Koningin
Lebensraum	Habitat
Ökosystem	Ecosysteem
Pflanzen	Planten
Pollen	Stuifmeel
Rauch	Rook
Schwarm	Zwerm
Sonne	Zon
Vielfalt	Diversiteit
Vorteilhaft	Voordelig
Wachs	Was

Bildende Kunst
Beeldende Kunsten

Architektur	Architectuur
Bleistift	Potlood
Film	Film
Foto	Foto
Gemälde	Schilderij
Holzkohle	Houtskool
Keramik	Keramiek
Kreativität	Creativiteit
Kreide	Krijt
Künstler	Artiest
Lack	Vernis
Meisterwerk	Meesterwerk
Perspektive	Perspectief
Porträt	Portret
Schablone	Stencil
Skulptur	Beeldhouwwerk
Staffelei	Ezel
Stift	Pen
Ton	Klei
Wachs	Was

Blumen
Bloemen

Blütenblatt	Bloemblad
Gardenie	Gardenia
Gänseblümchen	Madeliefje
Hibiskus	Hibiscus
Jasmin	Jasmijn
Klee	Klaver
Lavendel	Lavendel
Lila	Lila
Lilie	Lelie
Löwenzahn	Paardebloem
Magnolie	Magnolia
Mohn	Papaver
Orchidee	Orchidee
Passionsblume	Passiebloem
Pfingstrose	Pioenroos
Plumeria	Plumeria
Rose	Roos
Sonnenblume	Zonnebloem
Strauss	Boeket
Tulpe	Tulp

Boote
Boten

Anker	Anker
Boje	Boei
Crew	Bemanning
Dock	Dok
Fähre	Veerboot
Floss	Vlot
Fluss	Rivier
Kajak	Kajak
Kanu	Kano
Mast	Mast
Meer	Zee
Motor	Motor
Nautisch	Nautisch
Ozean	Oceaan
Rettungsboot	Reddingsboot
See	Meer
Segelboot	Zeilboot
Seil	Touw
Wellen	Golven
Yacht	Jacht

Bücher
Boeken

Abenteuer	Avontuur
Autor	Auteur
Dualität	Dualiteit
Episch	Episch
Erfinderisch	Inventief
Erzähler	Verteller
Gedicht	Gedicht
Geschichte	Verhaal
Geschrieben	Geschreven
Historisch	Historisch
Humorvoll	Humoristisch
Kollektion	Collectie
Kontext	Context
Leser	Lezer
Literarisch	Literair
Poesie	Poëzie
Roman	Roman
Seite	Bladzijde
Serie	Serie
Tragisch	Tragisch

Camping
Camping

Abenteuer	Avontuur
Berg	Berg
Feuer	Brand
Hängematte	Hangmat
Hut	Hoed
Insekt	Insect
Jagd	Jacht
Kabine	Cabine
Kanu	Kano
Karte	Kaart
Kompass	Kompas
Laterne	Lantaarn
Mond	Maan
Natur	Natuur
See	Meer
Seil	Touw
Spass	Plezier
Tiere	Dieren
Wald	Bos
Zelt	Tent

Dinosaurier
Dinosaurussen

Allesfresser	Omnivoor
Art	Soort
Beute	Prooi
Bösartig	Vicieuze
Enorm	Enorm
Erde	Aarde
Evolution	Evolutie
Fleischfresser	Carnivoor
Flügel	Vleugels
Fossilien	Fossielen
Gross	Groot
Grösse	Grootte
Leistungsstark	Krachtig
Mammut	Mammoet
Pflanzenfresser	Herbivoor
Prähistorisch	Prehistorisch
Raubvogel	Roofvogel
Reptil	Reptiel
Schwanz	Staart
Verschwinden	Verdwijning

Emotionen
Emoties

Angst	Angst
Aufgeregt	Opgewonden
Beschämt	Beschaamd
Dankbar	Dankbaar
Entspannt	Ontspannen
Freude	Vreugde
Frieden	Vrede
Inhalt	Inhoud
Langeweile	Verveling
Liebe	Liefde
Relief	Opluchting
Ruhe	Rust
Ruhig	Kalm
Sympathie	Sympathie
Traurigkeit	Droefheid
Überraschen	Verrassing
Wut	Woede
Zärtlichkeit	Tederheid
Zufrieden	Tevreden

Erforschung
Exploratie

Aktivität	Activiteit
Aufregung	Opwinding
Entdeckung	Ontdekking
Entschlossenheit	Bepaling
Erschöpfung	Uitputting
Fern	Ver
Gefahren	Gevaren
Gefährlich	Gevaarlijk
Gelände	Terrein
Kulturen	Culturen
Lernen	Leren
Mut	Moed
Neu	Nieuw
Raum	Ruimte
Reise	Reis
Sprache	Taal
Tiere	Dieren
Unbekannt	Onbekend
Wild	Wild

Erhaltung
Behoud

Bildung	Onderwijs
Chemikalien	Chemicaliën
Freiwillige	Vrijwilliger
Gesundheit	Gezondheid
Grün	Groen
Klima	Klimaat
Lebensraum	Habitat
Nachhaltig	Duurzaam
Natürlich	Natuurlijk
Organisch	Organisch
Ökosystem	Ecosysteem
Pestizid	Pesticide
Recyceln	Recycleren
Reduzieren	Verminderen
Umwelt	Milieu
Verschmutzung	Vervuiling
Wasser	Water
Zyklus	Fiets

Ernährung
Voeding

Appetit	Eetlust
Ausgewogen	Evenwichtig
Bitter	Bitter
Diät	Dieet
Essbar	Eetbaar
Fermentation	Fermentatie
Geschmack	Smaak
Gesund	Gezond
Gesundheit	Gezondheid
Getreide	Granen
Gewicht	Gewicht
Kalorien	Calorieën
Kohlenhydrate	Koolhydraten
Nährstoff	Voedingsstof
Portion	Deel
Proteine	Eiwitten
Qualität	Kwaliteit
Sosse	Saus
Toxin	Toxine
Vitamin	Vitamine

Essen #1
Eten #1

Basilikum	Basilicum
Birne	Peer
Erdbeere	Aardbei
Erdnuss	Pinda
Fleisch	Vlees
Kaffee	Koffie
Karotte	Wortel
Knoblauch	Knoflook
Milch	Melk
Rübe	Raap
Saft	Sap
Salat	Salade
Salz	Zout
Spinat	Spinazie
Suppe	Soep
Thunfisch	Tonijn
Zimt	Kaneel
Zitrone	Citroen
Zucker	Suiker
Zwiebel	Ui

Essen #2
Eten #2

Apfel	Appel
Artischocke	Artisjok
Aubergine	Aubergine
Banane	Banaan
Brokkoli	Broccoli
Brot	Brood
Ei	Ei
Fisch	Vis
Joghurt	Yoghurt
Käse	Kaas
Kirsche	Kers
Mandel	Amandel
Pilz	Paddestoel
Reis	Rijst
Schinken	Ham
Schokolade	Chocolade
Sellerie	Selderij
Spargel	Asperge
Tomate	Tomaat
Weizen	Tarwe

Fahren
Rijden

Auto	Auto
Bremsen	Remmen
Brennstoff	Brandstof
Bus	Bus
Fussgänger	Voetganger
Garage	Garage
Gas	Gas
Gefahr	Gevaar
Geschwindigkeit	Snelheid
Karte	Kaart
Lizenz	Licentie
Lkw	Vrachtauto
Motor	Motor
Motorrad	Motorfiets
Polizei	Politie
Sicherheit	Veiligheid
Transport	Vervoer
Tunnel	Tunnel
Unfall	Ongeluk
Verkehr	Verkeer

Fahrzeuge
Voertuigen

Auto	Auto
Boot	Boot
Bus	Bus
Fahrrad	Fiets
Fähre	Veerboot
Floss	Vlot
Flugzeug	Vliegtuig
Hubschrauber	Helikopter
Krankenwagen	Ambulance
Lkw	Vrachtauto
Motor	Motor
Rakete	Raket
Reifen	Banden
Roller	Scooter
Taxi	Taxi
Traktor	Tractor
U-Bahn	Metro
U-Boot	Onderzeeër
Wohnwagen	Caravan
Zug	Trein

Familie
Familie

Bruder	Broer
Ehefrau	Vrouw
Ehemann	Man
Enkel	Kleinzoon
Grossmutter	Grootmoeder
Grossvater	Opa
Kind	Kind
Kinder	Kinderen
Kindheit	Jeugd
Mutter	Moeder
Neffe	Neef
Nichte	Nicht
Onkel	Oom
Schwester	Zus
Tante	Tante
Tochter	Dochter
Vater	Vader
Väterlich	Vaderlijk
Vorfahr	Voorouder
Zwillinge	Tweeling

Farben
Kleuren

Azurblau	Azuur
Beige	Beige
Blau	Blauw
Braun	Bruin
Fuchsie	Fuchsia
Gelb	Geel
Grau	Grijs
Grün	Groen
Indigo	Indigo
Lila	Paars
Magenta	Magenta
Orange	Oranje
Rosa	Roze
Rot	Rood
Schwarz	Zwart
Sepia	Sepia
Weiss	Wit
Zyan	Cyaan

Flugzeuge
Vliegtuigen

Abenteuer	Avontuur
Abstieg	Afdaling
Atmosphäre	Atmosfeer
Ballon	Ballon
Brennstoff	Brandstof
Crew	Bemanning
Design	Ontwerp
Geschichte	Geschiedenis
Himmel	Hemel
Höhe	Hoogte
Konstruktion	Bouw
Luft	Lucht
Motor	Motor
Navigieren	Navigeren
Passagier	Passagier
Pilot	Piloot
Propeller	Propellers
Turbulenz	Turbulentie
Wasserstoff	Waterstof
Wetter	Weer

Formen
Vormen

Bogen	Boog
Dreieck	Driehoek
Ecke	Hoek
Hyperbel	Hyperbool
Kanten	Randen
Kegel	Kegel
Kreis	Cirkel
Kugel	Bol
Kurve	Curve
Linie	Lijn
Oval	Ovaal
Polygon	Veelhoek
Prisma	Prisma
Pyramide	Piramide
Quadrat	Vierkant
Rechteck	Rechthoek
Rund	Ronde
Seite	Kant
Würfel	Kubus
Zylinder	Cilinder

Garten
Tuin

Bank	Bank
Baum	Boom
Blume	Bloem
Boden	Bodem
Busch	Struik
Garage	Garage
Garten	Tuin
Gras	Gras
Hängematte	Hangmat
Obstgarten	Boomgaard
Rasen	Gazon
Rechen	Hark
Schaufel	Schop
Schlauch	Slang
Teich	Vijver
Terrasse	Terras
Trampolin	Trampoline
Unkraut	Onkruid
Veranda	Veranda
Zaun	Hek

Gebäude
Gebouwen

Bauernhof	Boerderij
Botschaft	Ambassade
Fabrik	Fabriek
Garage	Garage
Herberge	Herberg
Hotel	Hotel
Kabine	Cabine
Kino	Bioscoop
Krankenhaus	Ziekenhuis
Labor	Laboratorium
Museum	Museum
Observatorium	Observatorium
Scheune	Schuur
Schule	School
Stadion	Stadion
Supermarkt	Supermarkt
Theater	Theater
Turm	Toren
Universität	Universiteit
Zelt	Tent

Geburtstag
Verjaardag

Einladungen	Uitnodigingen
Feier	Viering
Freudig	Blij
Freunde	Vrienden
Geboren	Geboren
Geschenk	Geschenk
Glücklich	Gelukkig
Jahr	Jaar
Jung	Jong
Kalender	Kalender
Karten	Kaarten
Kuchen	Cake
Lernen	Leren
Lied	Lied
Partei	Partij
Spass	Plezier
Spezial	Speciaal
Tag	Dag
Weisheit	Wijsheid
Zeit	Tijd

Gemüse
Groenten

Artischocke	Artisjok
Aubergine	Aubergine
Blumenkohl	Bloemkool
Brokkoli	Broccoli
Erbse	Erwt
Gurke	Komkommer
Ingwer	Gember
Karotte	Wortel
Kartoffel	Aardappel
Knoblauch	Knoflook
Kürbis	Pompoen
Olive	Olijf
Petersilie	Peterselie
Pilz	Paddestoel
Rübe	Raap
Salat	Salade
Sellerie	Selderij
Spinat	Spinazie
Tomate	Tomaat
Zwiebel	Ui

Geographie
Geografie

Atlas	Atlas
Äquator	Evenaar
Berg	Berg
Breite	Breedtegraad
Fluss	Rivier
Gebiet	Grondgebied
Hemisphäre	Halfrond
Höhe	Hoogte
Insel	Eiland
Karte	Kaart
Kontinent	Continent
Land	Land
Meer	Zee
Meridian	Meridiaan
Norden	Noorden
Ozean	Oceaan
Region	Regio
Stadt	Stad
Welt	Wereld
West	Westen

Geologie
Geologie

Erdbeben	Aardbeving
Erosion	Erosie
Fossil	Fossiel
Geschmolzen	Gesmolten
Geysir	Geiser
Höhle	Grot
Kalzium	Calcium
Kontinent	Continent
Koralle	Koraal
Lava	Lava
Mineralien	Mineralen
Plateau	Plateau
Quarz	Kwarts
Salz	Zout
Säure	Zuur
Stalagmiten	Stalagmieten
Stalaktit	Stalactiet
Stein	Steen
Vulkan	Vulkaan
Zone	Zone

Gewürze
Specerijen

Anis	Anijs
Bitter	Bitter
Curry	Kerrie
Fenchel	Venkel
Geschmack	Smaak
Ingwer	Gember
Kardamom	Kardemom
Knoblauch	Knoflook
Lakritze	Drop
Muskatnuss	Nootmuskaat
Nelke	Kruidnagel
Paprika	Paprika
Pfeffer	Peper
Safran	Saffraan
Salz	Zout
Sauer	Zuur
Süss	Zoet
Vanille	Vanille
Zimt	Kaneel
Zwiebel	Ui

Haartypen
Haartypes

Blond	Blond
Braun	Bruin
Dick	Dik
Dünn	Dun
Farbig	Gekleurd
Geflochten	Gevlochten
Gesund	Gezond
Grau	Grijs
Kahl	Kaal
Kurz	Kort
Lang	Lang
Locken	Krullen
Lockig	Krullend
Schwarz	Zwart
Silber	Zilver
Trocken	Droog
Weich	Zacht
Weiss	Wit
Wellig	Golvend
Zöpfe	Vlechten

Haus
Huis

Besen	Bezem
Bibliothek	Bibliotheek
Dach	Dak
Dachboden	Zolder
Decke	Plafond
Dusche	Douche
Fenster	Raam
Garage	Garage
Garten	Tuin
Kamin	Haard
Küche	Keuken
Lampe	Lamp
Möbel	Meubilair
Schlafzimmer	Slaapkamer
Schornstein	Schoorsteen
Spiegel	Spiegel
Tür	Deur
Wand	Muur
Zaun	Hek
Zimmer	Kamer

Haustiere
Huisdieren

Eidechse	Hagedis
Essen	Voedsel
Fisch	Vis
Hamster	Hamster
Hase	Konijn
Hund	Hond
Katze	Kat
Kätzchen	Katje
Kragen	Kraag
Krallen	Klauwen
Kuh	Koe
Maus	Muis
Papagei	Papegaai
Pfoten	Poten
Schildkröte	Schildpad
Schwanz	Staart
Tierarzt	Dierenarts
Wasser	Water
Welpe	Puppy
Ziege	Geit

Insekten
Insecten

Ameise	Mier
Biene	Bij
Blattlaus	Bladluis
Floh	Vlo
Gottesanbeterin	Bidsprinkhaan
Heuschrecke	Sprinkhaan
Hornisse	Horzel
Kakerlake	Kakkerlak
Käfer	Kever
Larve	Larve
Libelle	Libel
Motte	Mot
Mücke	Mug
Schmetterling	Vlinder
Termite	Termiet
Wespe	Wesp
Wurm	Worm
Zikade	Cicade

Katzen
Katten

Fell	Bont
Garn	Garen
Jäger	Jager
Komisch	Grappig
Kralle	Klauw
Maus	Muis
Neugierig	Nieuwsgierig
Pfote	Poot
Schlafen	Slaap
Schnell	Snel
Schüchtern	Verlegen
Schwanz	Staart
Unabhängig	Onafhankelijk
Verrückt	Gek
Verspielt	Speels
Wenig	Klein
Wild	Wild

Kleidung
Kleding

Armband	Armband
Bluse	Blouse
Gürtel	Riem
Halskette	Ketting
Handschuhe	Handschoenen
Hemd	Shirt
Hose	Broek
Hut	Hoed
Jacke	Jasje
Jeans	Jeans
Kleid	Jurk
Mantel	Jas
Mode	Mode
Pullover	Trui
Rock	Rok
Schal	Sjaal
Schlafanzug	Pyjama
Schmuck	Sieraden
Schuh	Schoen
Schürze	Schort

Klettern
Klimmen

Atmosphäre	Atmosfeer
Ausbildung	Opleiding
Experte	Deskundige
Führer	Gidsen
Gelände	Terrein
Handschuhe	Handschoenen
Helm	Helm
Höhe	Hoogte
Höhle	Grot
Karte	Kaart
Physisch	Fysiek
Schmal	Smal
Stabilität	Stabiliteit
Stärke	Kracht
Stiefel	Laarzen
Verletzung	Letsel
Wandern	Wandelen

Komödie
Komedie

Applaus	Applaus
Ausdrucksvoll	Expressief
Clowns	Clowns
Fernsehen	Televisie
Genre	Genre
Humor	Humor
Improvisation	Improvisatie
Klug	Slim
Komisch	Grappig
Lachen	Gelach
Parodie	Parodie
Publikum	Publiek
Schauspieler	Acteur
Schauspielerin	Actrice
Spass	Plezier
Theater	Theater
Witze	Grappen

Kräuterkunde
Herbalisme

Aromatisch	Aromatisch
Basilikum	Basilicum
Blume	Bloem
Dill	Dille
Estragon	Dragon
Fenchel	Venkel
Garten	Tuin
Geschmack	Smaak
Grün	Groen
Knoblauch	Knoflook
Kulinarisch	Culinair
Lavendel	Lavendel
Majoran	Marjolein
Petersilie	Peterselie
Qualität	Kwaliteit
Rosmarin	Rozemarijn
Safran	Saffraan
Thymian	Tijm
Vorteilhaft	Voordelig
Zutat	Ingrediënt

Kunst
Kunst

Ausdruck	Uitdrukking
Ehrlich	Eerlijk
Einfach	Eenvoudig
Gegenstand	Onderwerp
Gemälde	Schilderijen
Inspiriert	Geïnspireerd
Keramik	Keramisch
Komplex	Complex
Original	Origineel
Persönlich	Persoonlijk
Poesie	Poëzie
Porträtieren	Portretteren
Schaffen	Creëren
Skulptur	Beeldhouwwerk
Stimmung	Humeur
Surrealismus	Surrealisme
Symbol	Symbool
Visuell	Visueel
Zusammensetzung	Samenstelling

Kunst Liefert
Kunstbenodigdheden

Acryl	Acryl
Bleistifte	Potloden
Bürsten	Borstels
Farben	Kleuren
Holzkohle	Houtskool
Ideen	Ideeën
Kamera	Camera
Kreativität	Creativiteit
Leim	Lijm
Öl	Olie
Papier	Papier
Radiergummi	Gom
Staffelei	Ezel
Stuhl	Stoel
Tabelle	Tafel
Tinte	Inkt
Ton	Klei
Wasser	Water

Küche
Keuken

Essen	Voedsel
Essstäbchen	Eetstokjes
Gabeln	Vorken
Gefrierschrank	Vriezer
Gewürze	Specerijen
Grill	Grill
Kelle	Pollepel
Krug	Kruik
Kühlschrank	Koelkast
Löffel	Lepels
Messer	Messen
Ofen	Oven
Rezept	Recept
Schürze	Schort
Schüssel	Kom
Schwamm	Spons
Serviette	Servet
Tassen	Cup
Wasserkocher	Ketel

Landschaften
Landschappen

Berg	Berg
Eisberg	IJsberg
Fluss	Rivier
Geysir	Geiser
Gletscher	Gletsjer
Golf	Golf
Halbinsel	Schiereiland
Höhle	Grot
Hügel	Heuvel
Insel	Eiland
Meer	Zee
Oase	Oase
See	Meer
Strand	Strand
Sumpf	Moeras
Tal	Vallei
Tundra	Toendra
Vulkan	Vulkaan
Wasserfall	Waterval
Wüste	Woestijn

Länder #2
Landen #2

Albanien	Albani
Äthiopien	Ethiopië
Frankreich	Frankrijk
Griechenland	Griekenland
Haiti	Haïti
Irland	Ierland
Jamaika	Jamaica
Japan	Japan
Kenia	Kenia
Laos	Laos
Liberia	Liberia
Mexiko	Mexico
Nepal	Nepal
Nigeria	Nigeria
Pakistan	Pakistan
Russland	Rusland
Sudan	Soedan
Syrien	Syrië
Uganda	Oeganda
Ukraine	Oekraïne

Literatur
Literatuur

Analogie	Analogie
Analyse	Analyse
Anekdote	Anekdote
Autor	Auteur
Beschreibung	Omschrijving
Biographie	Biografie
Dialog	Dialoog
Erzähler	Verteller
Fiktion	Fictie
Gedicht	Gedicht
Metapher	Metafoor
Poetisch	Poëtisch
Reim	Rijm
Rhythmus	Ritme
Roman	Roman
Schlussfolgerung	Conclusie
Stil	Stijl
Thema	Thema
Tragödie	Tragedie
Vergleich	Vergelijking

Mathematik
Wiskunde

Arithmetik	Rekenkundig
Bruchteil	Fractie
Dezimal	Decimaal
Dreieck	Driehoek
Durchmesser	Diameter
Exponent	Exponent
Geometrie	Geometrie
Gleichung	Vergelijking
Kugel	Bol
Parallel	Parallel
Polygon	Veelhoek
Quadrat	Vierkant
Radius	Straal
Rechteck	Rechthoek
Senkrecht	Loodrecht
Summe	Som
Symmetrie	Symmetrie
Umfang	Omtrek
Volumen	Volume
Winkel	Hoeken

Meditation
Meditatie

Annahme	Aanvaarding
Atmung	Ademhaling
Aufmerksamkeit	Aandacht
Bewegung	Beweging
Dankbarkeit	Dankbaarheid
Frieden	Vrede
Gedanken	Gedachten
Geistig	Mentaal
Glück	Geluk
Klarheit	Helderheid
Lehre	Onderwijs
Lernen	Leren
Mitgefühl	Mededogen
Musik	Muziek
Natur	Natuur
Perspektive	Perspectief
Ruhig	Kalm
Stille	Stilte
Verstand	Geest
Wach	Wakker

Meisterschaft
Kampioenschap

Atmen	Ademen
Champion	Kampioen
Finalist	Finalist
Liga	Liga
Mannschaft	Team
Medaille	Medaille
Meisterschaft	Kampioenschap
Motivation	Motivatie
Performance	Prestatie
Richter	Rechter
Schweiss	Transpiratie
Sieg	Zege
Spiele	Games
Sport	Sport
Strategie	Strategie
Trainer	Trainer
Turnier	Toernooi

Menschlicher Körper
Menselijk Lichaam

Bein	Been
Blut	Bloed
Ellbogen	Elleboog
Finger	Vinger
Gehirn	Hersenen
Gesicht	Gezicht
Hals	Nek
Hand	Hand
Haut	Huid
Herz	Hart
Kiefer	Kaak
Kinn	Kin
Knie	Knie
Knöchel	Enkel
Kopf	Hoofd
Mund	Mond
Nase	Neus
Ohr	Oor
Schulter	Schouder
Zunge	Tong

Messungen
Metingen

Breite	Breedte
Byte	Byte
Dezimal	Decimaal
Gewicht	Gewicht
Grad	Graad
Gramm	Gram
Höhe	Hoogte
Kilogramm	Kilogram
Kilometer	Kilometer
Länge	Lengte
Liter	Liter
Masse	Massa
Meter	Meter
Minute	Minuut
Tiefe	Diepte
Tonne	Ton
Unze	Ons
Volumen	Volume
Zentimeter	Centimeter
Zoll	Inch

Möbel
Meubels

Bank	Bank
Bett	Bed
Bettdecke	Dekbedden
Bücherregal	Boekenkast
Futon	Futon
Hängematte	Hangmat
Kissen	Kussen
Kommode	Dressoir
Lampe	Lamp
Matratze	Matras
Regal	Planken
Schreibtisch	Bureau
Sessel	Fauteuil
Spiegel	Spiegel
Stuhl	Stoel
Teppich	Tapijt
Vorhang	Gordijnen

Musikinstrumente
Muziekinstrumenten

Banjo	Banjo
Cello	Cello
Fagott	Fagot
Flöte	Fluit
Geige	Viool
Gitarre	Gitaar
Glockenspiel	Klokkenspel
Gong	Gong
Harfe	Harp
Klarinette	Klarinet
Klavier	Piano
Mandoline	Mandoline
Mundharmonika	Mondharmonica
Oboe	Hobo
Posaune	Trombone
Saxophon	Saxofoon
Schlagzeug	Percussie
Tamburin	Tamboerijn
Trommel	Trommel
Trompete	Trompet

Mythologie
Mythologie

Archetyp	Archetype
Blitz	Bliksem
Donner	Donder
Eifersucht	Jaloezie
Held	Held
Heldin	Heldin
Himmel	Hemel
Katastrophe	Ramp
Kreation	Creatie
Kreatur	Wezen
Krieger	Krijger
Kultur	Cultuur
Labyrinth	Doolhof
Legende	Legende
Magisch	Magisch
Monster	Monster
Rache	Wraak
Stärke	Kracht
Sterblich	Sterfelijk
Verhalten	Gedrag

Natur
Natuur

Arktis	Arctisch
Berge	Bergen
Bienen	Bijen
Dynamisch	Dynamisch
Erosion	Erosie
Fluss	Rivier
Friedlich	Rustig
Gletscher	Gletsjer
Heiligtum	Heiligdom
Heiter	Sereen
Laub	Gebladerte
Lebenswichtig	Vitaal
Nebel	Mist
Schönheit	Schoonheid
Schutz	Schuilplaats
Tiere	Dieren
Tropisch	Tropisch
Wald	Bos
Wild	Wild
Wüste	Woestijn

Obst
Fruit

Ananas	Ananas
Apfel	Appel
Aprikose	Abrikoos
Avocado	Avocado
Banane	Banaan
Beere	Bes
Birne	Peer
Brombeere	Braam
Himbeere	Framboos
Kirsche	Kers
Kiwi	Kiwi
Kokosnuss	Kokosnoot
Melone	Meloen
Nektarine	Nectarine
Orange	Oranje
Papaya	Papaja
Pfirsich	Perzik
Pflaume	Pruim
Traube	Druif
Zitrone	Citroen

Ozean
Oceaan

Aal	Aal
Auster	Oester
Boot	Boot
Delfin	Dolfijn
Fisch	Vis
Garnele	Garnaal
Gezeiten	Getijden
Hai	Haai
Koralle	Koraal
Krabbe	Krab
Krake	Octopus
Qualle	Kwal
Riff	Rif
Salz	Zout
Schildkröte	Schildpad
Schwamm	Spons
Sturm	Storm
Thunfisch	Tonijn
Wal	Walvis
Wellen	Golven

Ökologie
Ecologie

Art	Soort
Berge	Bergen
Dürre	Droogte
Fauna	Fauna
Flora	Flora
Freiwillige	Vrijwilligers
Global	Globaal
Klima	Klimaat
Lebensraum	Habitat
Marine	Marinier
Nachhaltig	Duurzaam
Natur	Natuur
Natürlich	Natuurlijk
Pflanzen	Planten
Sumpf	Moeras
Überleben	Overleving
Vegetation	Vegetatie
Vielfalt	Diversiteit

Pflanzen
Installaties

Bambus	Bamboe
Baum	Boom
Beere	Bes
Blume	Bloem
Blütenblatt	Bloemblad
Bohne	Boon
Botanik	Plantkunde
Busch	Struik
Dünger	Mest
Efeu	Klimop
Flora	Flora
Garten	Tuin
Gras	Gras
Kaktus	Cactus
Kraut	Kruid
Laub	Gebladerte
Moos	Mos
Vegetation	Vegetatie
Wald	Bos
Wurzel	Wortel

Piraten
Piraten

Abenteuer	Avontuur
Anker	Anker
Crew	Bemanning
Flagge	Vlag
Gefahr	Gevaar
Gold	Goud
Höhle	Grot
Insel	Eiland
Kapitän	Kapitein
Karte	Kaart
Kompass	Kompas
Legende	Legende
Münzen	Munten
Narbe	Litteken
Papagei	Papegaai
Rum	Rum
Schatz	Schat
Schlecht	Slecht
Schwert	Zwaard
Strand	Strand

Regenwald
Regenwoud

Amphibien	Amfibieën
Art	Soort
Botanisch	Botanisch
Dschungel	Jungle
Einheimisch	Inheems
Gemeinschaft	Gemeenschap
Insekten	Insecten
Klima	Klimaat
Moos	Mos
Natur	Natuur
Respekt	Respect
Säugetiere	Zoogdieren
Überleben	Overleving
Vielfalt	Diversiteit
Vögel	Vogels
Wertvoll	Waardevol
Wolken	Wolken
Zuflucht	Toevlucht

Restaurant #1
Restaurant #1

Allergie	Allergie
Brot	Brood
Dessert	Toetje
Essen	Voedsel
Fleisch	Vlees
Huhn	Kip
Kaffee	Koffie
Kassierer	Kassier
Kellnerin	Serveerster
Küche	Keuken
Menü	Menu
Messer	Mes
Reservierung	Reservering
Schüssel	Kom
Serviette	Servet
Sosse	Saus
Teller	Bord
Würzig	Pittig

Restaurant #2
Restaurant #2

Abendessen	Diner
Eis	Ijs
Fisch	Vis
Frucht	Fruit
Gabel	Vork
Gemüse	Groente
Getränk	Drank
Gewürze	Specerijen
Kellner	Ober
Köstlich	Heerlijk
Kuchen	Cake
Löffel	Lepel
Mittagessen	Lunch
Nudeln	Noedels
Salat	Salade
Salz	Zout
Stuhl	Stoel
Suppe	Soep
Vorspeise	Voorgerecht
Wasser	Water

Säugetiere
Zoogdieren

Affe	Aap
Bär	Beer
Biber	Bever
Elefant	Olifant
Fuchs	Vos
Giraffe	Giraf
Gorilla	Gorilla
Hund	Hond
Känguru	Kangoeroe
Kojote	Coyote
Löwe	Leeuw
Panther	Panter
Pferd	Paard
Ratte	Rat
Schaf	Schaap
Stier	Stier
Tiger	Tijger
Wal	Walvis
Wolf	Wolf
Zebra	Zebra

Schach
Schaken

Champion	Kampioen
Diagonal	Diagonaal
Gegner	Tegenstander
Klug	Slim
König	Koning
Königin	Koningin
Lernen	Leren
Opfer	Offer
Passiv	Passief
Punkte	Punten
Regeln	Reglement
Schwarz	Zwart
Spiel	Spel
Spieler	Speler
Strategie	Strategie
Turnier	Toernooi
Weiss	Wit
Wettbewerb	Wedstrijd
Zeit	Tijd

Schlösser
Kastelen

Drache	Draak
Dynastie	Dynastie
Edel	Edele
Einhorn	Eenhoorn
Festung	Fort
Feudal	Feodaal
Katapult	Katapult
Königreich	Koninkrijk
Krone	Kroon
Palast	Paleis
Pferd	Paard
Prinz	Prins
Prinzessin	Prinses
Reich	Rijk
Ritter	Ridder
Rüstung	Harnas
Schild	Schild
Schwert	Zwaard
Turm	Toren
Wand	Muur

Schokolade
Chocolade

Antioxidans	Antioxidant
Aroma	Aroma
Bitter	Bitter
Essen	Eten
Exotisch	Exotisch
Favorit	Favoriet
Geschmack	Smaak
Handwerklich	Artisanaal
Kakao	Cacao
Kalorien	Calorieën
Karamell	Karamel
Kokosnuss	Kokosnoot
Köstlich	Heerlijk
Pulver	Poeder
Qualität	Kwaliteit
Rezept	Recept
Süss	Zoet
Verlangen	Verlangen
Zucker	Suiker
Zutat	Ingrediënt

Schule #1
School #1

Alphabet	Alfabet
Antworten	Antwoorden
Bibliothek	Bibliotheek
Bleistift	Potlood
Bücher	Boeken
Freunde	Vrienden
Klassenzimmer	Klaslokaal
Lehrer	Leraar
Lernen	Leren
Mathematik	Wiskunde
Mittagessen	Lunch
Ordner	Mappen
Papier	Papier
Prüfungen	Examens
Quiz	Quiz
Schreiben	Schrijven
Schreibtisch	Bureau
Spass	Plezier
Stifte	Pennen
Stuhl	Stoel

Schule #2
School #2

Bibliothek	Bibliotheek
Bildung	Onderwijs
Bleistift	Potlood
Bus	Bus
Bücher	Boeken
Computer	Computer
Grammatik	Grammatica
Kalender	Kalender
Lehrer	Leraar
Lernen	Leren
Lesen	Lezen
Literatur	Literatuur
Papier	Papier
Radiergummi	Gom
Rucksack	Rugzak
Schere	Schaar
Stifte	Pennen
Wissenschaft	Wetenschap
Wochenende	Weekend
Wörterbuch	Woordenboek

Science Fiction
Meer Informatie

Bücher	Boeken
Chemikalien	Chemicaliën
Dystopie	Dystopie
Explosion	Explosie
Extrem	Extreem
Fantastisch	Fantastisch
Feuer	Brand
Futuristisch	Futuristisch
Geheimnisvoll	Mysterieus
Illusion	Illusie
Imaginär	Denkbeeldig
Kino	Bioscoop
Orakel	Orakel
Planet	Planeet
Realistisch	Realistisch
Roboter	Robots
Szenario	Scenario
Technologie	Technologie
Utopie	Utopie
Welt	Wereld

Sommer
Zomer

Bücher	Boeken
Camping	Kamperen
Entspannung	Ontspanning
Erinnerungen	Herinneringen
Essen	Voedsel
Familie	Familie
Freizeit	Vrije Tijd
Freude	Vreugde
Freunde	Vrienden
Garten	Tuin
Meer	Zee
Musik	Muziek
Reise	Reis
Sandalen	Sandalen
Schwimmen	Zwemmen
Spiele	Games
Sterne	Sterren
Strand	Strand
Tauchen	Duiken
Urlaub	Vakantie

Spielzeuge
Speelgoed

Auto	Auto
Ball	Bal
Boot	Boot
Bücher	Boeken
Drachen	Vlieger
Fahrrad	Fiets
Favorit	Favoriet
Flugzeug	Vliegtuig
Kunsthandwerk	Ambachten
Lkw	Vrachtauto
Phantasie	Verbeelding
Puppe	Pop
Puzzle	Puzzel
Roboter	Robot
Schach	Schaak
Schlagzeug	Drums
Spiele	Games
Ton	Klei
Zug	Trein

Sport
Sport

Athlet	Atleet
Baseball	Honkbal
Basketball	Basketbal
Bewegung	Beweging
Eishockey	Hockey
Fahrrad	Fiets
Gewinner	Winnaar
Golf	Golf
Gymnasium	Gymnasium
Gymnastik	Gymnastiek
Mannschaft	Team
Meisterschaft	Kampioenschap
Schwimmen	Zwemmen
Spiel	Spel
Spieler	Speler
Stadion	Stadion
Tennis	Tennis
Trainer	Trainer

Stadt
Stad

Apotheke	Apotheek
Bank	Bank
Bäckerei	Bakkerij
Bibliothek	Bibliotheek
Blumenhändler	Bloemist
Buchhandlung	Boekhandel
Flughafen	Luchthaven
Galerie	Galerij
Hotel	Hotel
Kino	Bioscoop
Klinik	Kliniek
Markt	Markt
Museum	Museum
Restaurant	Restaurant
Schule	School
Stadion	Stadion
Supermarkt	Supermarkt
Theater	Theater
Universität	Universiteit
Zoo	Dierentuin

Strand
Strand

Blau	Blauw
Boot	Boot
Dock	Dok
Handtuch	Handdoek
Insel	Eiland
Krabbe	Krab
Küste	Kust
Lagune	Lagune
Meer	Zee
Ozean	Oceaan
Regenschirm	Paraplu
Riff	Rif
Sand	Zand
Sandalen	Sandalen
Schwimmen	Zwemmen
Segelboot	Zeilboot
Sonne	Zon
Urlaub	Vakantie

Surfen
Surfen

Anfänger	Beginner
Athlet	Atleet
Beliebt	Populair
Champion	Kampioen
Extrem	Extreem
Geschwindigkeit	Snelheid
Magen	Maag
Mengen	Menigte
Ozean	Oceaan
Paddel	Peddelen
Riff	Rif
Schaum	Schuim
Schwimmen	Zwemmen
Spass	Plezier
Spray	Spray
Stärke	Kracht
Stil	Stijl
Strand	Strand
Welle	Golf
Wetter	Weer

Tage und Monate
Dagen en Maanden

August	Augustus
Dezember	December
Dienstag	Dinsdag
Donnerstag	Donderdag
Februar	Februari
Freitag	Vrijdag
Jahr	Jaar
Januar	Januari
Juli	Juli
Juni	Juni
Kalender	Kalender
Mittwoch	Woensdag
Monat	Maand
Montag	Maandag
November	November
Oktober	Oktober
Samstag	Zaterdag
September	September
Sonntag	Zondag
Woche	Week

Tanzen
Dans

Akademie	Academie
Anmut	Genade
Ausdrucksvoll	Expressief
Bewegung	Beweging
Choreographie	Choreografie
Emotion	Emotie
Freudig	Blij
Haltung	Houding
Klassisch	Klassiek
Körper	Lichaam
Kultur	Cultuur
Kulturell	Cultureel
Kunst	Kunst
Musik	Muziek
Partner	Partner
Probe	Repetitie
Rhythmus	Ritme
Springen	Springen
Traditionell	Traditioneel
Visuell	Visueel

Technologie
Technologie

Bildschirm	Scherm
Blog	Blog
Browser	Browser
Bytes	Bytes
Computer	Computer
Cursor	Cursor
Datei	Bestand
Daten	Gegevens
Digital	Digitaal
Forschung	Onderzoek
Internet	Internet
Kamera	Camera
Nachricht	Bericht
Schriftart	Lettertype
Sicherheit	Veiligheid
Software	Software
Statistik	Statistiek
Virtuell	Virtueel
Virus	Virus

Tugenden #1
1 Jaar Geleden

Bescheiden	Bescheiden
Charmant	Charmant
Effizient	Efficiënt
Entscheidend	Beslissend
Geduldig	Patiënt
Grosszügig	Gul
Gut	Goed
Hilfreich	Behulpzaam
Intelligent	Intelligent
Komisch	Grappig
Künstlerisch	Artistiek
Leidenschaftlich	Gepassioneerd
Neugierig	Nieuwsgierig
Praktisch	Praktisch
Sauber	Schoon
Unabhängig	Onafhankelijk
Weise	Wijs
Zuverlässig	Betrouwbaar
Zuversichtlich	Zelfverzekerd

Urlaub #2
Vakantie #2

Ausländer	Buitenlander
Ausländisch	Buitenlands
Camping	Kamperen
Flughafen	Luchthaven
Freizeit	Vrije Tijd
Hotel	Hotel
Insel	Eiland
Karte	Kaart
Meer	Zee
Pass	Paspoort
Reise	Reis
Restaurant	Restaurant
Strand	Strand
Taxi	Taxi
Transport	Vervoer
Urlaub	Vakantie
Visum	Visum
Zelt	Tent
Ziel	Bestemming
Zug	Trein

Vögel
Vogels

Adler	Adelaar
Ei	Ei
Ente	Eend
Eule	Uil
Flamingo	Flamingo
Gans	Gans
Huhn	Kip
Krähe	Kraai
Kuckuck	Koekoek
Möwe	Meeuw
Papagei	Papegaai
Pelikan	Pelikaan
Pfau	Pauw
Pinguin	Pinguïn
Rabe	Raaf
Reiher	Reiger
Schwan	Zwaan
Spatz	Mus
Storch	Ooievaar
Taube	Duif

Wandern
Wandelen

Berg	Berg
Camping	Kamperen
Führer	Gidsen
Gefahren	Gevaren
Gipfel	Top
Karte	Kaart
Klima	Klimaat
Klippe	Klif
Müde	Moe
Natur	Natuur
Orientierung	Oriëntatie
Schwer	Zwaar
Sonne	Zon
Steine	Stenen
Stiefel	Laarzen
Tiere	Dieren
Vorbereitung	Voorbereiding
Wasser	Water
Wetter	Weer
Wild	Wild

Wasser
Water

Bewässerung	Irrigatie
Dampf	Stoom
Dusche	Douche
Eis	Ijs
Feucht	Vochtig
Feuchtigkeit	Vochtigheid
Fluss	Rivier
Flut	Overstroming
Frost	Vorst
Geysir	Geiser
Hurrikan	Orkaan
Kanal	Kanaal
Monsun	Moesson
Ozean	Oceaan
Regen	Regen
Schnee	Sneeuw
See	Meer
Trinkbar	Drinkbaar
Verdunstung	Verdamping
Wellen	Golven

Wetter
Weersomstandigheden

Atmosphäre	Atmosfeer
Blitz	Bliksem
Brise	Bries
Donner	Donder
Dürre	Droogte
Eis	Ijs
Himmel	Hemel
Hurrikan	Orkaan
Klima	Klimaat
Monsun	Moesson
Nebel	Mist
Polar	Polair
Regenbogen	Regenboog
Sturm	Storm
Temperatur	Temperatuur
Tornado	Tornado
Trocken	Droog
Tropisch	Tropisch
Wind	Wind
Wolke	Wolk

Wissenschaft
Wetenschap

Atom	Atoom
Chemisch	Chemisch
Daten	Gegevens
Evolution	Evolutie
Experiment	Experiment
Fossil	Fossiel
Hypothese	Hypothese
Klima	Klimaat
Labor	Laboratorium
Methode	Methode
Mineralien	Mineralen
Moleküle	Moleculen
Natur	Natuur
Organismus	Organisme
Partikel	Deeltjes
Pflanzen	Planten
Physik	Natuurkunde
Schwerkraft	Zwaartekracht
Tatsache	Feit
Wissenschaftler	Wetenschapper

Wissenschaftliche Disziplinen
Wetenschappelijke Discip

Anatomie	Anatomie
Archäologie	Archeologie
Astronomie	Astronomie
Biochemie	Biochemie
Biologie	Biologie
Botanik	Plantkunde
Chemie	Chemie
Geologie	Geologie
Immunologie	Immunologie
Kinesiologie	Kinesiologie
Linguistik	Taalkunde
Mechanik	Mechanica
Meteorologie	Meteorologie
Mineralogie	Mineralogie
Neurologie	Neurologie
Ökologie	Ecologie
Physiologie	Fysiologie
Psychologie	Psychologie
Soziologie	Sociologie
Zoologie	Zoölogie

Zahlen
Getallen

Acht	Acht
Achtzehn	Achttien
Dezimal	Decimaal
Drei	Drie
Dreizehn	Dertien
Fünf	Vijf
Fünfzehn	Vijftien
Neun	Negen
Neunzehn	Negentien
Null	Nul
Sechs	Zes
Sechzehn	Zestien
Sieben	Zeven
Siebzehn	Zeventien
Vier	Vier
Vierzehn	Veertien
Zehn	Tien
Zwanzig	Twintig
Zwei	Twee
Zwölf	Twaalf

Zeit
Tijd

Gestern	Gisteren
Heute	Vandaag
Jahr	Jaar
Jahrhundert	Eeuw
Jahrzehnt	Decennium
Jährlich	Jaarlijks
Jetzt	Nu
Kalender	Kalender
Minute	Minuut
Mittag	Middag
Monat	Maand
Morgen	Ochtend
Nach	Na
Nacht	Nacht
Stunde	Uur
Tag	Dag
Uhr	Klok
Vor	Voor
Woche	Week
Zukunft	Toekomst

Zirkus
Circus

Affe	Aap
Akrobat	Acrobaat
Clown	Clown
Elefant	Olifant
Fahrkarte	Kaartje
Jongleur	Jongleur
Kostüm	Kostuum
Löwe	Leeuw
Magie	Magie
Musik	Muziek
Parade	Parade
Spektakulär	Spectaculair
Tiere	Dieren
Tiger	Tijger
Trick	Truc
Unterhalten	Vermaken
Zauberer	Goochelaar
Zeigen	Laat
Zelt	Tent
Zuschauer	Toeschouwer

Zu Füllen
Om in te Vullen

Becken	Bekken
Box	Doos
Eimer	Emmer
Fass	Vat
Flasche	Fles
Karton	Karton
Kiste	Krat
Koffer	Koffer
Korb	Mand
Krug	Pot
Mappe	Map
Paket	Pakje
Rohr	Buis
Schublade	Lade
Tablett	Dienblad
Tasche	Zak
Umschlag	Envelop
Vase	Vaas

Gratuliere

Sie haben es geschafft !!

Wir hoffen, dass euch dieses Buch genauso viel Spaß gemacht hat wie uns dessen Herstellung. Wir tun unser Bestes, um qualitativ hochwertige Spiele zu erfinden. Diese Rätsel sind auf eine clevere Art und Weise entworfen, damit sie aktiv lernen und daran Vergnügen finden.

Hat ihnen das Buch gefallen ?

Eine einfache Bitte

Unsere Bücher existieren dank der Rezensionen, die sie veröffentlichen. Können sie uns helfen indem sie jetzt eine Meinung hinterlassen ?

Hier ist ein kurzer Link, der Sie zu ihrer Bewertungsseite führt

 BestBooksActivity.com/Rezension50

MONSTER HERAUSFÖRDERUNGEN !

Herausförderung 1

Bereit für ihr Bonusspiel? Wir verwenden sie ständig, aber sie sind nicht einfach zu finden. Es sind die Synonyme !

Notieren sie 5 Wörter, die sie in den untenstehenden Rätseln (Nummer 21, 36 und 76) entdeckt haben und versuchen sie für jedes Wort 2 Synonyme zu finden .

Notieren sie 5 Wörter aus *Rätsel 21*

Wörter	Synonym 1	Synonym 2

Notieren sie 5 Wörter aus *Rätsel 36*

Wörter	Synonym 1	Synonym 2

Notieren sie 5 Wörter aus *Rätsel 76*

Wörter	Synonym 1	Synonym 2

Herausförderung 2

Jetzt, wo sie warm sind, notieren sie 5 Wörter, die sie in jedem der untenaufgeführten Rätseln entdeckt haben (Nummer 9, 17 und 25) und versuchen sie für jedes Wort 2 Antonyme zu finden. Wie viele davon können sie binnen 20 Minuten finden ?

*Notieren sie 5 Wörter aus **Rätsel 9***

Wörter	Antonym 1	Antonym 2

*Notieren sie 5 Wörter aus **Rätsel 17***

Wörter	Antonym 1	Antonym 2

*Notieren sie 5 Wörter aus **Rätsel 25***

Wörter	Antonym 1	Antonym 2

Herausförderung 3

Wunderbar, diese Monster Herausförderung 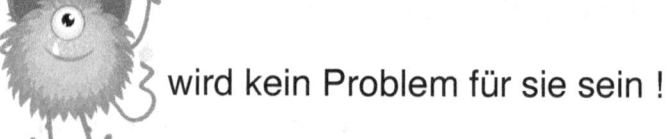 wird kein Problem für sie sein !

Bereit für die letzte Herausförderung? Wählen sie ihre 10 Lieblingswörter aus, die sie in einem Rätsel entdeckt haben und notieren sie sie unten.

1.	6.
2.	7.
3.	8.
4.	9.
5.	10.

Die Aufgabe besteht nun darin mit diesen Wörtern und in maximal sechs Sätzen einen Text herzustellen über eine Person, ein Tier oder ein Ort den sie lieben !

Tipp : sie können die letzten leeren Seiten dieses Buches als Entwurf verwenden

Ihr Schreiben :

NOTIZBUCH :

AUF BALDIGES WIEDERSEHEN !

Linguas Classics

KOSTENLOSE SPIELE GENIESSEN

GO

↓

BESTACTIVITYBOOKS.COM/FREEGAMES